TIAGO BRUNET

ESPECIALISTA EN
PERSONAS

SOLUCIONES BÍBLICAS E INTELIGENTES PARA LIDIAR CON TODO TIPO DE GENTE

WHITAKER
HOUSE
Español

Traducido por:
Belmonte Traductores
Manuel de Falla, 2
28300 Aranjuez
Madrid, ESPAÑA
www.belmontetraductores.com

Editado por: Ofelia Pérez

ESPECIALISTA EN PERSONAS
Soluciones bíblicas e inteligentes para lidiar con todo tipo de personas

ISBN: 978-1-64123-867-0
Ebook ISBN: 978-1-64123-868-7
Impreso en los Estados Unidos de América
© 2022 por Tiago Brunet

Whitaker House
1030 Hunt Valley Circle
New Kensington, PA 15068
www.espanolwh.com

1 2 3 4 5 6 7 8 9 10 11 ⨆⨆ 29 28 27 26 25 24 23 22

ÍNDICE

INTRODUCCIÓN:
EL MUNDO IDEAL Y EL MUNDO REAL

Yo invierto en personas a diario, pero nunca espero nada a cambio. Quizá tú inviertes en el mercado de valores esperando algo a cambio, pero al hablar de las personas, crear expectativas puede arrastrarte hacia un pozo de decepción.

Como deja claro el título de este libro, tiene que ver con las personas. Habla de las relaciones con personas, de entender las motivaciones de las personas. Por lo tanto, este libro habla principalmente sobre ti. Trata sobre el autoconocimiento para entender al otro.

Recientemente, una señora me atacó en Instagram cuando escribí acerca de la teoría de la asociación (Capítulo 1), en el cual introduzco el concepto de que las personas dejan de hablarte o incluso se convierten en tus oponentes solo porque pusiste una foto con alguien que a ellos no les cae bien. Esta mujer, de unos cincuenta años, afirmó sin pensarlo dos veces: "Yo no tengo enemigos. Jesús nos mandó que nos amemos los unos a los otros".

Pensé que esta defensa de la fe es simplemente hermosa. A fin de cuentas, yo he sido por la gracia de Dios un guía espiritual para muchos. Así que quiero comenzar explicándote la diferencia entre el mundo ideal y el mundo real.

TRANSFORMA TU MENTE. MANTENLA ABIERTA A NUEVAS IDEAS Y POSIBILIDADES.

En el **mundo ideal,** las personas se aman las unas a las otras y nadie juzga para no ser juzgado. En este lugar, la familia es la que más preserva a sus miembros, y perdonamos a los que nos ofenden y persiguen sin demora ni resentimiento.

Sin embargo, en el **mundo real,** las cosas *aún* no funcionan así. En el mundo real, los familiares critican, los amigos se traicionan, y los que deberían amarte sencillamente te abandonan.

Según mi punto de vista, esta fue exactamente la razón por la que Jesús vino a esta tierra, para señalar hacia el futuro, hacia el mundo ideal: ¡necesitábamos esperanza!

Mientras experimentamos la batalla entre lo "ideal" y lo "real" en este mundo, tenemos que **aprender a sobrevivir** en él. Este es el mundo en el que vivimos ahora. ¡Espero que esa señora que me escribió por las redes sociales entienda esto!

En este mundo real la envidia es muy fuerte, los enemigos y los críticos son profesionales, y las mentiras van a la misma velocidad del ancho de banda del Internet. En este mundo tenemos más angustias emocionales que gozo con las personas. ¿Tiene sentido todo esto para ti?

Quizá nuestros ojos miran fijamente al mundo real, apuntando a vivir mientras estamos en él; sin embargo, nuestra mente y nuestro corazón deben estar **protegidos contra las epidemias emocionales**

del mundo real que intentan infectarnos. Este libro será una guía para que entiendas a las personas que te rodean y te relaciones con ellas.

Durante años, he estudiado cosas que he usado en muy contadas ocasiones: raíces cuadradas, demonología (estudio acerca de los demonios), y la historia de la Europa Medieval son algunos ejemplos. Pero, por lo que respecta a las PERSONAS, aquellas con las que me relaciono todos los días, no se nos ha enseñado a lidiar con ellas para así hacernos especialistas en el tema.

Es extraño, ¿no crees?

Cuando digo PERSONAS, te estoy incluyendo a ti. El autoconocimiento nos ayuda mucho a tener relaciones sanas.

Al probar en mis redes sociales teorías que aprenderás en este libro, muchas personas cuestionaron mis ideas, ya que los paradigmas presentados aquí son distintos a todos los que ya se han visto. A veces, parecen oponerse al pensamiento colectivo. Después de todo, el entendimiento del mundo está en el ojo del que mira.

Por lo tanto, prepárate para cambiar tu manera de entender este tema, en caso de que quieras avanzar y crecer. Con la visión que tienes hoy, serás capaz de alcanzar la vida que tienes hoy, en el mejor de los casos.

Debes entender que este libro ha sido escrito para este momento, para la vida que vivimos en el mundo real. Al mismo tiempo, deseo que no perdamos la esperanza de que el mundo ideal algún día llegará a ser real y que, en él, todas las relaciones serán perfectas.

CÓMO ENTENDER ESTE LIBRO

Todo el mundo quiere ser feliz, ¡todos van en busca del **éxito**! Al menos en el mundo real.

Recibo miles de mensajes por redes sociales, y muy a menudo me detienen en la calle y en los aeropuertos. ¿Quieres saber lo que escucho? Cosas como: "Tiago, por favor, ayúdame. Quiero tener una vida exitosa". "Quiero ayudar al mundo". "Quiero ser relevante". "Necesito tener éxito".

A medida que observan mi vida actualmente, las personas se imaginan que hay un secreto o una fórmula que se puede transmitir en forma de consejo rápido en una "conversación de aeropuerto". La vida es un proceso.

En todos mis libros anteriores he dado consejos infalibles para que las personas superen el proceso y lo conquisten todo: para encontrar su propósito; para desarrollar su inteligencia emocional; para vivir su destino (y no el destino de otros); para aprender a manejar el dinero sabiamente y tener el mayor poder posible a su favor.

Sin embargo, solo recientemente tuve **una idea que lo cambia TODO.**

La gran idea es que, a la larga, las PERSONAS definirán si valió la pena vivir nuestra vida o no. El mejor vino no es el que viene de Europa o de una cosecha especial, sino el que se ha compartido con una persona maravillosa.

Joana, un ángel que Dios envió para ayudarnos a Jeanine y a mí a educar a nuestros cuatro hijos, dijo algo el otro día en nuestro hogar: "Fue una persona la que te dio un baño por primera vez en tu vida, y será una persona la que también te dará el último".

¡Necesitamos a las personas!

Quizá estás enojado con alguien y ni siquiera te hablas con ese alguien, pero créeme que necesitarás a esas personas. **Mientras menos enemigos tengas, más oportunidades tendrás de terminar bien.**

Estoy seguro de que, si meditas en tus mejores y tus peores recuerdos, verás que tus peores momentos se produjeron debido a personas, al igual que tus mejores días.

Nadie es humillado o abandonado por un animal o un objeto, sino por personas. Al mismo tiempo, nadie celebra en su automóvil ningún logro en la vida o en los negocios. Queremos celebrarlos rodeados de personas que son importantes en nuestra vida.

En resumen: todo, exactamente todo, tiene que ver con las personas. Ya he tenido la oportunidad de probar esta relación entre personas y situaciones (ya sean buenas o malas) en varias ocasiones.

He hablado con celebridades, grandes hombres del mundo empresarial, personas de muy distintos ámbitos y niveles de popularidad, y absolutamente todos los que he conocido, en algún momento de la conversación terminaron mencionando algo como: "fulanito cambió mi vida para bien" o "él (o ella) fue mi desgracia".

En algún punto alguien entra en tu historia, a veces sin ser invitado, y cambia las cosas. Para bien o para mal, las personas definen nuestro futuro. ¿Lo entiendes?

> **LA POLÍTICA PUEDE GOBERNAR UN PAÍS, PERO SON LAS PERSONAS QUIENES GOBIERNAN TU MUNDO INTERIOR.**

He dedicado los años 2018 y 2019 a pensar en qué da sentido a la vida. Quería encontrar una **conexión** entre historias de éxito, vidas extraordinarias que marcaron a la humanidad, lecciones milenarias de la Biblia, y el cambio rápido e inevitable en el mundo.

Durante este precioso tiempo de reflexión cuya intención fue ampliar mi conocimiento, descubrí que todos vamos en busca de respuestas y de propósito. En conclusión, tanto mis pensamientos sobre el sentido de nuestra existencia como la euforia relacionada con los logros tuvieron una misma respuesta: ¡PERSONAS!

Nada tiene sentido sin ellas.

NO SÉ CUÁL ES TU SUEÑO, ¡PERO SEGURO QUE VAS A NECESITAR PERSONAS PARA QUE SE CONVIERTA EN REALIDAD!

El sueño de muchos está relacionado con el matrimonio; otros buscan la felicidad en su bienestar, muchos corren tras ganancias económicas, y otros solo quieren borrar su pasado y tener la oportunidad de vivir su futuro. Todo esto, al final, se reduce a PERSONAS.

Ellas son las que contribuyen a llevar a cabo o torcer nuestros planes y proyectos. Las personas te han herido; y otras han sido una fuente de sanidad para tu vida. ¿Acaso no es verdad?

¿Qué sentido tendría ser millonario, pero estar solo en una isla desierta?

Piénsalo bien, en la isla puedes tener acceso a todo: las mejores casas, automóviles nuevos, y restaurantes de cinco estrellas… lo único que no tendrás será personas. Tendrás que disfrutar todo esto sin nadie a tu alrededor. ¿Aceptas?

Está bien. ¡Entendemos el punto! Creo que podemos entender la idea. Ahora bien, el punto es este: si todo lo que esperas para el futuro tiene que ver con personas, aprende a lidiar con ellas. ¡De eso trata este libro!

CONVIÉRTETE EN UN ESPECIALISTA EN ESTE TEMA Y PREPÁRATE PARA SER UN LÍDER EN CUALQUIER COSA QUE HAGAS.

Esta generación fútil no ha entendido el secreto del éxito. La generación que tiene el poder de "bloquear" en las redes sociales ha estado usando esta alternativa sin moderación en la vida real. Parece que nadie quiere resolver problemas, y les basta con silenciarlos.

Sin embargo, te garantizo que no funciona así. Algún tiempo después, los problemas silenciados regresan a acechar la vida como si fueran fantasmas. Freud diría que "el escape es la forma más segura de convertirse en prisionero de lo que uno quiere evitar".

Solo cuando entiendas que las personas que te rodean son las que te lanzarán a tu futuro o te lo impedirán, es cuando se abrirán puertas. El temor que te paraliza y desencadena ese instinto de querer "bloquear" los problemas, desaparecerá.

El presidente de Coca-Cola estudió mucho para ser CEO, pero fue la relación con una persona lo que le situó en ese puesto con el que había soñado. Necesitamos tener un CV sólido, pero que se fije en nosotros un cazatalentos de primera clase es algo que solo lograremos mediante una buena relación interpersonal. En el Oriente Medio, los famosos personajes bíblicos Sadrac, Mesac y Abednego llegaron a ser jefes de los asuntos de Babilonia, en su apogeo, por el nombramiento de un amigo: Daniel.

¿Tienes amigos, o solo contactos en WhatsApp y seguidores en las redes sociales?

LAS "COSAS" HACEN QUE LA VIDA SEA MÁS FÁCIL, PERO SOLO LAS PERSONAS PUEDEN DEFINIR NUESTRA EXISTENCIA.

Las personas envidiosas siempre existirán, y tendrás que lidiar con ellas. Las personas resentidas y paranoicas, también. Las personas son así: algunas inolvidables, y otras desagradables.

Entiende que el orgullo siempre será parte de la humanidad. El temor, la inseguridad, la ENVIDIA y el rencor, también. Tendrás que coexistir con estas cosas siempre.

Las personas solo cambian si tú cambias. ¡Créeme! Entonces, ¿cuán dispuesto estás a fomentar cambios en tu vida?

Los envidiosos no cambiarán solo porque a ti no te guste que te envidien. Los críticos no dejarán de criticarte porque a ti te enoje eso. Tú tendrás que cambiar para que lo que venga de afuera no golpee tu parte interna.

LA SOLUCIÓN ESTÁ EN TI, NO EN EL OTRO.

Con la ayuda de este libro...

+ Aprenderás a sobrevivir a la envidia, los chismes y las intrigas (esto siempre existirá);
+ Identificarás quiénes son las personas insuperables en la vida y aprenderás a lidiar con ellas;
+ Aprenderás a dejar que las personas erróneas se vayan de tu vida (es muy importante);
+ Entenderás cómo lidiar con personas más difíciles (es decepcionante, pero necesario);
+ Aprenderás a relacionarte por orden de prioridad;
+ Entenderás teorías de clasificación de personas;
+ Entenderás y aplicarás tres esferas de la amistad (esto te cambiará a ti);
+ Tendrás sabiduría para pensar y hablar (a fin de cuentas, estás lidiando con seres humanos);

+ Conocerás la teoría del 2 en 1: el difícil arte de vivir como pareja (vivir solo suele ser peor);

+ Aprenderás a tener principios que sean más fuertes que tus sentimientos;

+ Tomarás medicina para el orgullo (¡esto es sorprendente!);

+ Conocerás y aprenderás a avanzar en el trazado de la vida;

+ Observarás con más sabiduría los espejos de la vida;

+ Recibirás herramientas milenarias para resolver problemas en relaciones actuales.

Qué bueno que tengas este libro entre tus manos. Si mantienes tu mente abierta y buscas la transformación, es seguro que después de leerlo se lo recomendarás a los que te rodean. Tu mundo real será mucho mejor después de aprender a coexistir con los que tienes cerca.

En esta obra, quiero presentarte una solución bíblica para el problema socioemocional del mundo real, para que podamos avanzar juntos en busca del mundo ideal.

Algunas personas hieren, otras sanan.

Después de leer este libro, decide si serás el que hiere o el que sana; el que molesta o el que hace que las cosas sean más fáciles. ¡Escoge el mejor camino!

No llegarás muy lejos sin personas a tu lado. Te sugiero que tengas una Biblia cerca mientras lees este libro. He incluido muchos versículos bíblicos en notas a pie de página para que estudies en profundidad cada tema que abordamos aquí.

Te deseo paz y prosperidad.

Tiago Brunet

Capítulo 1

LAS TRES ESFERAS DE LA AMISTAD

ESTRATEGIA NECESARIA ÍNTIMA

Celebra a cualquiera que entre en tu vida; no te quejes por la persona que se fue.

"Solté" esta frase en uno de mis primeros videos que se hizo viral en el Internet. Fue la razón principal por la que alcancé cerca de 30 millones de visualizaciones solamente en un post, publicado en Facebook en 2007. ¡Esto ha captado mi atención!

Cada vez que nuestros videos hablan acerca de PERSONAS, la participación virtual promedio alcanza la marca de hasta un 300 por ciento más que las demás publicaciones.

Esto es fácil de explicar: **¿quién no se ha decepcionado alguna vez con un amigo?**

Como seres humanos impredecibles, nunca sabes cuándo recibirás una puñalada por la espalda. Por ello, muchos apilamos ira y resentimiento a nuestro alrededor, además de haber vivido desacuerdos provocados por personas.

Jesucristo, que nunca decepcionó a ningún ser humano y entrenó a sus doce amigos por tres años, fue traicionado por uno de ellos despiadadamente. Otro compañero de viaje, esta vez uno de los más cercanos, fingió abiertamente en tres ocasiones que no lo conocía, solo porque tenía miedo. Cuando Jesús pasó por su peor momento, la cruz, solo uno de entre los muchos amigos y seguidores que tenía se mantuvo allí para ofrecerle algo de apoyo.

Si todo esto ocurrió con un solo hombre que nunca había cometido ningún acto de maldad en toda su vida, ¡imagínate con nosotros, que somos meros mortales!

En este primer capítulo, por lo tanto, hablaré de los tipos de relaciones que tenemos en la vida. Amistades, lazos familiares, relaciones de amor, coexistencia obligatoria… después de todo, cualquier relación puede provocarnos dolor. Solo los que comen en nuestra mesa y escuchan nuestros secretos pueden traicionarnos; los de afuera, en el peor de los casos nos decepcionan.

En 2014, cuando mi empresa fue a la bancarrota, viví un periodo de profunda angustia, con deudas exorbitantes. Miraba a mi alrededor, y solo quedaban unos pocos amigos. Casi ninguno.

Durante ese tiempo pude entender el versículo bíblico: *"En todo tiempo ama el amigo, y es como un hermano en tiempo de angustia"*.[1] Quien se mantiene a tu lado después de los días más difíciles, en la angustia, queda resaltado en la película de tu vida. Quien decidió abandonar en esos momentos, hoy me sigue de lejos. Por el contrario, el que se quedó, vaya, este se convirtió en parte de mi familia y ahora ocupa un lugar especial en mi corazón.

La vida funciona así: en los peores momentos grabamos en nuestra mente quién es quién. Es difícil disociar hechos de personas.

---

1. Proverbios 17:17

En los días buenos, es casi imposible identificar las verdaderas intenciones de alguien. Los seres humanos somos dramáticos y complejos. Todo puede ser una puesta en escena. En los días malos, sin embargo, no hay ni un solo Homo Sapiens capaz de mantener un papel ficticio.

El hecho es que las personas no pueden cambiar solo porque a ti no te gusten. Por eso decidí escribir estas teorías: *se necesita un conocimiento específico, paciencia y sabiduría para producir cambios en alguien* (por lo general, porque el cambio tiene que empezar por uno mismo).

¿Qué nos enseña Jesús sobre las personas?

Cada día aprendo cosas nuevas con la historia de Jesús. Cuando el tema es la amistad, observé que las tres esferas que presento aquí son parte de su rutina.

Echa un vistazo a la siguiente información:

Jesús tenía 500 seguidores que eran sus amigos *estratégicos*. Los llamo estratégicos porque, por ejemplo, mientras Jesús subía al cielo, estos 500 estaban allí de pie como testigos oculares para difundir la noticia por toda la tierra.

Observemos que todos necesitamos amigos estratégicos. Es muy posible que no coman en tu mesa o que no compartan tus preferencias de Netflix, pero son conexiones importantes para edificar tu futuro.

Jesús también tuvo doce amigos **necesarios**. Sin ellos, no habría tenido un equipo. Al igual que Él, tú también necesitas amigos. No todos ellos serán los mejores en cuanto a cercanía se refiere, pero siguen siendo necesarios para tu andadura por la senda de la vida.

Finalmente, el Hombre de Nazaret tenía tres amigos íntimos. A ellos, Jesús les contaba sus secretos, compartía con ellos sueños, y les reveló quién era Él realmente. Cuando fue al Monte de la Transfiguración, Jesús invitó solamente a su círculo íntimo a subir con Él para ver lo que le sucedería.

Al ser teólogo por mi trasfondo e investigador de las Escrituras por pasión, las soluciones que presento en este libro siempre serán bíblicas. Han funcionado durante siglos; por lo tanto, ¿qué sentido tiene intentar "reinventar la rueda"? ¡La mejor inversión es aquella en la que la ganancia está asegurada!

Mi sospecha de que la clave para abrir nuestras vidas depende de la relación con personas, ciertamente ha evolucionado desde mi familiaridad con el texto sagrado y milenario. La teoría de las tres esferas de la amistad está inspirada en el viaje de Cristo aquí en la tierra; por eso estoy seguro de que es una teoría infalible.

Ahora bien, ¿por qué te frustras tanto con tus amistades si Jesús no te ha decepcionado, al margen de las fallas de tus amigos?

Cuando ponemos a cada amigo en la esfera correcta, nuestro nivel de expectativa se alinea con la posibilidad de las fallas. Y de esta forma todos sufren menos. ¿Quieres verlo?

Judas **traicionó** a Jesús. Él estaba en la esfera de los amigos necesarios. Entre los Doce.

Pedro **negó** a Jesús. Él estaba en la esfera de los amigos íntimos. Entre los tres más cercanos.

Lo primero que deberíamos aprender es que, cuando Jesús pone a Judas en la esfera de los necesarios, el nivel de expectativa es distinto al de aquellos que están en la esfera de los amigos íntimos.

MENOS EXPECTATIVA, MENOS DECEPCIÓN.

Cuando Judas fue al huerto de Getsemaní para entregar al Maestro con un beso, Jesús no se sorprendió, sino que respondió diciendo: *"Amigo mío, adelante, haz lo que viniste a hacer"*.[2]

---

2. Mateo 26:50 (NTV).

Es triste, pero el nazareno ya se esperaba que lo traicionaran. Quizá, exactamente por eso nunca había compartido sus secretos más íntimos con Judas, y no siguió deprimido por este hecho más adelante.

¿Tienes este escudo emocional para que no te quedes cabizbajo por errores que otros cometen contra ti?

Porque yo pienso que, si me hubiera sucedido a mí, habría seguido diciendo durante años: "¡Todo fue culpa de Judas!". "¡Ah, ojalá Judas no hubiera hecho eso!", o quizá: "¡Destitución! ¡Destitución! ¡Fuera Judas!".

¿Y qué decir de Pedro? Pedro niega a Jesús no solo una vez, ¡sino tres veces en una misma noche!

Sin embargo, se arrepiente de inmediato, llora amargamente, y busca la reconciliación. Los amigos, por muy cercanos que sean, siguen siendo humanos y, por lo tanto, son propensos a fallar. Pero una amistad cercana tiene rasgos distintivos.

Permíteme contar una historia popular sobre la amistad.

Dos amigos viajaban por un desierto. En medio de este difícil viaje de dos por un lugar tan inhóspito, tuvieron una gran discusión que terminó en pelea. El amigo ofendido no dijo nada. No intensificó la tensión, solo escribió en la arena: "HOY, MI MEJOR AMIGO ME DIO UNA BOFETADA".

Había un camino que recorrer, así que siguieron avanzando. Después de algún tiempo, llegaron a un oasis. ¡Ah, qué refresco después de un largo viaje!

Ambos se metieron en el agua para darse un "baño de victoria". Allí, el amigo que había sido abofeteado empezó a ahogarse. El amigo que le había agredido, arriesgando su propia vida, lo salvó al momento.

Recuperado de la conmoción, el amigo que antes se había ofendido sacó un cuchillo y grabó en una piedra: ¡HOY, MI MEJOR

AMIGO ME SALVÓ LA VIDA". Intrigado, el que había arriesgado su vida para salvar a su amigo le preguntó: "¿Por qué cuando te golpeé escribiste en la arena, y ahora que te salvo has escrito en la piedra?". El otro respondió: "Cuando un amigo cercano nos ofende, deberíamos escribir en la arena, porque ahí, el viento del olvido y el perdón se aseguran de que esa ofensa se borre. Sin embargo, cuando un amigo hace algo tan grande por nosotros, deberíamos escribirlo en piedra, grabándolo en la memoria y en el corazón, porque ahí, ni el viento ni el tiempo serán capaces de borrar las marcas del bien recibido".

Resumen: incluso los amigos más cercanos pueden ofenderte. Ten en mente que ningún ser humano es perfecto. Pero lo que realmente importa es cómo decidimos grabar ese error. Sé agradecido y ten en mente solo las cosas buenas de la vida. No te apegues a lo negativo, sino permite que el viento y el perdón se lleven todo mal.

"Clasificar" a los amigos es uno de los secretos de la felicidad.

Solo cuando cruzamos los desiertos de la vida es cuando descubrimos lo mejor de nosotros y lo peor de algunas personas.

No sé de qué país eres, pero nosotros los brasileños tenemos la habilidad emocional de ser amigos "cercanos" de alguien que acabamos de conocer. No es extraño que nos presenten a "fulanito" y, ese mismo día, esté en nuestra casa acompañándonos en una barbacoa.

Esta es una apertura socioemocional que también genera un exceso de intimidad con personas que NUNCA podrían compartir nuestros errores y victorias o conocer nuestros secretos y defectos. No te estoy animando a que seas una persona cerrada, que bloquea a otras personas y hace imposible tener amistades. Mi propósito aquí es enseñar a ser SELECTIVO.

> **"LA AMISTAD ES LO QUE HACE QUE NUESTROS MOMENTOS DIFÍCILES SEAN SOPORTABLES Y LOS BUENOS SEAN MEMORABLES".**
> **AUTOR ANÓNIMO**

EL PODER DE LA ATRACCIÓN

Cada uno atrae lo que expresa.

¿Realmente hay algún tipo de poder que atrae a personas y amistades hacia ti?

¡Claro que lo hay!

Las personas solo se acercan a lo que les atrae. ¡Esto es serio! Y también incluye al mundo animal. Debido a la atracción, los pescadores necesitan poner un cebo en el anzuelo. Los peces nunca se acercarían si no hubiese algo que les interesa. ¿Lo ves?

¡Durante toda una vida aprendemos que los que se acercan a nosotros porque quieren algo son egoístas! ¡Qué error! Eso es solo un falso moralismo o una mala impresión.

Piénsalo bien: todos tenemos intereses. Te casaste para estar completo y ser feliz. Vas a la iglesia porque quieres salvación eterna. ¡Tú también haces amigos por intereses! ¿Por qué iba a ser de otra forma? Esto es simplemente un hecho. No hay nada malo en ello, no hay que hacer suposiciones.

Por lo tanto, te pregunto: "¿qué necesitas tener para atraer a las personas correctas a tu vida?", y añado: "¿qué se necesita para llenar tu "red" de amigos?".

ATRACCIÓN

MANTENIMIENTO

Dinero

Conducta

Status quo

Carácter

Red de contactos

Reciprocidad

Redes sociales

Nivel de atención

Carisma

Verdad

Títulos

Retroalimentación

Habilidades

Encuentros sociales

Volvamos a pensar en los pescadores. Cuando se termina la pesca con redes, el pescador no está seguro de lo que tendrá en ellas. Al levantar la red hay todo tipo de peces, y algunas veces otros tipos de animales acuáticos.

¡La clasificación se hace después de la pesca!

Después de revisar lo que hay en las redes, los pescadores clasifican lo que sirve y lo que devolverán al mar. Me entiendes, ¿verdad?

Quiero usar como ejemplo las dos últimas amistades que he hecho.

Cuando me mudé de mi país, tuve que comenzar de nuevo algunas cosas. Y, aunque algunas amistades están por todo Brasil y el mundo sigue siendo firme y sólido, tuve que hacer nuevas conexiones en los Estados Unidos. Nadie sobrevive solo en este mundo real y cruel.

Para comenzar una nueva red de amistades, fui lanzando los cebos.

En cuanto llegó el camión de mudanzas y comenzamos a llenar nuestra nueva casa, nuestros vecinos estadounidenses se acercaron ofreciéndonos galletas con una sonrisa de bienvenida. Yo inmediatamente les regalé uno de mis libros. Con este pequeño gesto, ellos pudieron buscar enseguida la información en el Internet y descubrir quién soy y lo que hago.

Creo que el simple hecho de saber que soy escritor ya debió haber reafirmado al vecindario. Efectivamente, en la misma semana, los niños de un vecino ya estaban jugando con los míos en la piscina.

Gracias a su pequeño gesto al cual yo respondí, ahora tengo alguien con quien conversar en la puerta en la mañana antes de acudir a mis citas, y mis hijos ya tienen amigos con los que jugar en la calle.

Créeme: ¡tus resultados en la vida y tus redes sociales son un gran cebo!

Sin embargo, no todos los que "caen en tu red" deberían quedarse. Tener demasiados amigos significa tener mala calidad.

Otro amigo llegó a mi vida a través de una reunión de negocios. Me buscó porque mis resultados y mis redes sociales le habían hecho ver en nuestra conexión una oportunidad de negocio.

Mientras investigaba acerca de mí en el Internet, terminó viendo un video que transformó su forma de pensar y rompió un paradigma poderoso en su vida. Como resultado, ¡se convirtió en un admirador!

En nuestra primera reunión (y mira cómo fue, yo lo recibí porque se le conoce como un "empresario famoso"), él pasó más tiempo haciéndome preguntas para aprender de mi habilidad como mentor que hablando de negocios. Sin saberlo, con eso él estaba captando aún más mi atención.

Tuvimos otras reuniones. Con el tiempo, se convirtieron en "un cafecito para conversar de temas aleatorios", hasta que se desarrolló una amistad.

Así es la vida. Él se acercó porque quería un tipo de mentoría, y yo me acerqué porque él era un reconocido empresario. ¡Intereses comunes! ¿Resultado? Coexistencia mediante afinidad, ¡y el nacimiento de una nueva amistad!

Ahora que has entendido que el poder de la atracción combinado con la selección para el mantenimiento es lo que te lleva a hacer amigos, APRENDE a categorizarlos. ¡Esto podría salvar tu vida!

¿AMIGOS ESTRATÉGICOS?

Los amigos estratégicos no te aman (al menos todavía no). No te animan ni se emocionan solo por lo que representas, pero se unen a ti por un "bien mayor", por algo que quizá pueda favorecer a los dos. Los amigos estratégicos se acercan por causa de una conquista común.

Mira lo que me ocurrió una vez. Era lunes en la tarde. Un día lluvioso y agradable en la ciudad de Sao Paulo. Estaba eufórico, ya que se acercaba la fecha de un evento gigantesco en la ciudad de Boston, en los Estados Unidos.

El Día de la Transformación ya se había realizado en otras ciudades, tanto brasileñas como estadounidenses, pero esta sería la primera vez que yo participaría en este evento de transformación personal en el norte de los Estados Unidos.

Ese día, que parecía perfecto para un café y un buen libro, recibí una llamada:

"Tiago, Tiago… se ha venido abajo lo del lugar. Ya no te lo pueden rentar para esa fecha".

"¿Qué? ¿De qué lugar me estás hablando?".

"El lugar para el evento en Boston. Tendremos que cancelarlo".

"Oh no. No puede ser…".

Me eché las manos a la cabeza (creo que lo hacemos de manera inconsciente siempre que recibimos malas noticias) y di un suspiro.

En ese momento, un amigo que ya era cercano me preguntó qué sucedía y yo, ya desesperado, se lo expliqué. Cuando terminé, me dijo:

"Bueno, conozco a alguien en Boston que tiene un lugar. Quizá funcione. ¿Quieres que lo intentemos y hable con él?".

"¡Por supuesto que sí!", respondí yo, ya emocionado de nuevo.

Ese día, me presentaron a una persona que participaría en grandes momentos de mi vida. Juntos, ya nos hemos reído más de lo que un medidor de sonrisas podría calcular.

Mientras intercambiábamos las primeras palabras, yo no tenía ni idea, pero meses después él entraría en mi círculo de amigos muy cercanos. En ese momento, cuando nos estaban presentando por video llamada y cerramos un acuerdo para la renta del lugar en Boston, ya había comenzado a caerme bien.

En la semana del evento, volé de Sao Paulo a la hermosa ciudad de Boston. En un día frío (5 grados Celsius, que para mí es la temperatura perfecta), me recibió este nuevo amigo. Me enseñó la ciudad. Después de eso, fuimos junto con mi equipo a ver el lugar para el evento y planeamos el gran día.

Observa este detalle: él no me estaba abriendo las puertas de su auditorio porque yo fuera "agradable y amigable". Él ya sabía lo que significaba ese evento, ya había visto nuestro trabajo en las redes sociales y estaba seguro de que eso, de algún modo, le aportaría ventajas a sus proyectos. Y yo, igualmente, no me habría acercado si él no hubiera tenido el lugar que tanto necesitaba para ese día.

Observemos que nos había unido una estrategia: él vio en mí una posibilidad de crecimiento, y yo vi en él la solución para un gran problema. Trabajamos juntos durante esa semana hacia nuestras propias metas. No éramos enemigos, ni tampoco desconocidos el uno para el otro; éramos amigos, aunque recién conocidos. Sin embargo, la razón de nuestra amistad era estratégica.

Tuve, tengo, y aún tendré muchas amistades estratégicas en mi vida. Algunas han cruzado la frontera y se han convertido en necesarias en mi viaje. Otras han tenido acceso a mi corazón y ahora se han convertido en amigos íntimos.

Entiende esto: cuando estás construyendo una casa, necesitas un andamio para realizar varias tareas, como pintar las paredes y el techo, construir un balcón superior e instalar lámparas, entre otras cosas.

El andamio es esencial para tu trabajo. Sin él, las cosas son más difíciles y peligrosas. Pero, al final, se termina la obra y llega el momento de decorar el piso, y el andamio pierde su propósito. No te ha traicionado ni te ha derrotado; te ha sido fiel, pero en esta fase de decoración no tiene uso alguno. No tiene ninguna función. ¿Lo entiendes?

Un andamio es útil para trabajar, pero no para decorar. Del mismo modo, hay personas que Dios permite que estén con nosotros durante cierto periodo en nuestra vida por una razón estratégica. Nos ayudan y contribuyen, pero solo durante un tiempo. No insistas en intentar retenerlos, cuando Dios mismo decide quitártelos. Eso es lo que ocurrió con Lot y Abraham;[3] Labán and Jacob.[4] Lot era el sobrino de Abraham y Labán era el suegro de Jacob.

Aunque eran familiares, eran "andamios".

Reitero que no estoy comparando a las personas con objetos, sino con funciones.

Algunas personas cumplen una función en nuestro destino, durante nuestro tiempo en la tierra. Cuando su propósito para con nosotros se acaba, tenemos que aprender a decir adiós.

---

3. Génesis 12 y 13.
4. Génesis 29, 30 y 31.

Muchas veces resultamos heridos porque no conocemos la teoría de las tres esferas de la amistad. Sufrimos contando secretos o revelando sueños a quienes no son amigos, sino tan solo amigos estratégicos. Él o ella no está contigo por tus sueños o por quién eres. Él o ella solo te necesita para que ambos puedan alcanzar una meta.

"Pero, Tiago, ¿no sería eso una persona egoísta?", puede que te preguntes.

Has de entender algo esencial: no todas las personas egoístas son enemigos, y en cada relación, sin excepción alguna, hay intereses de por medio. Cada relación de algún modo consciente o inconsciente comienza con una estrategia.

Quizá te casas por amor, pero te acercaste a tu esposa por su belleza o cualquier otro interés. Vas a la iglesia y buscas a Dios porque estás interesado en la salvación eterna o necesitas resolver algún problema imposible. ¿No son las cosas así en el mundo en el que vivimos hoy? En el mundo ideal eso no sucedería, pero vivimos en el mundo real. Esto no nos convierte en una mala persona, sino que tan solo revela nuestra humanidad.

¡Las personas somos así!

¿AMIGOS NECESARIOS?

Los amigos necesarios no te aman por quién eres, sino que están a tu lado por quién representas. Veamos el caso de los doce amigos necesarios de Jesús, a los que conocemos como los doce apóstoles. Esos hombres estaban todo el tiempo preocupados por el cumplimiento de promesas hechas, quién se sentaría en el trono con Jesús, etc.

Sus corazones no pertenecían a Jesús, sino a las cosas que Él representaba. Y Él representaba un reino eterno. Sin embargo, eran amigos. Y el Maestro los necesitaba. Cada uno de ellos desempeñó un papel importante en la cristiandad.

Durante la investigación que realicé para escribir este libro, entrevisté a uno de los grandes multimillonarios de Brasil. Su familia ya ha estado en el *ranking* de la revista Forbes, y hace unos años estaba considerado como el mejor CEO del país. En casi cuatro horas que pasamos juntos aprendí muchas cosas, pero algo especial captó mi atención cuando él dijo una frase que me hizo entender la esfera de los amigos necesarios.

ES MEJOR CONVERTIRTE EN UN AMIGO DE PERSONAS CON LAS QUE TRABAJAS QUE INTENTAR TRABAJAR CON PERSONAS DE LAS QUE ERES AMIGO.

¡Vaya! Eso tenía mucho sentido para mí.

No todos serán amigos cercanos, pero sin los amigos necesarios, ¿qué diversión tendría la vida?

Necesitamos personas que nos hagan felices, necesitamos personas con las que compartir nuestra vida diaria. Necesitamos amigos en el trabajo. Necesitamos clientes fieles. Necesitamos personas que nos hagan reír.

TENDEMOS A MEZCLAR LAS COSAS, Y ESO ES LO QUE SIEMPRE SALE MAL. SIGUE RIENDO, PERO NO CUENTES TUS SUEÑOS; DA UN ABRAZO, PERO NO REVELES TU CORAZÓN; COMPARTE LA MESA, PERO NO DIGAS CUÁLES SERÁN TUS PASOS SIGUIENTES.

Queremos hacer negocios con amigos cercanos solo porque confiamos en ellos. Por otro lado, queremos contarles secretos a amigos necesarios. Con este tipo de confusión entre esferas, provocamos situaciones embarazosas en nuestra vida, cuando nos falta la madurez para separar y situar asuntos y personas en sus áreas debidas.

Es realmente importante tener esta categoría de amigos.

Yo tengo varios amigos de la infancia. La mayoría de ellos no son íntimos. No los llamo cuando estoy angustiado o estoy a punto de firmar un gran contrato profesional. Sin embargo, ellos son esenciales en mi vida, necesarios para mi bienestar. Todo es muy bueno cuando nos juntamos para mirar atrás y recordar nuestra infancia, y pasar horas riéndonos de las estupideces que solíamos hacer.

Es decir, los amigos necesarios son vitales para nuestro viaje por esta tierra.

Nuestro corazón es engañoso y nos hace creer que, si alguien no es un amigo cercano y confiable al cien por ciento, entonces él o ella no es nuestro amigo. En el mundo real, las cosas no son así. Tenemos que tener personas a nuestro alrededor. Los amigos necesarios son los que asisten a nuestras fiestas de cumpleaños, barbacoas de fines de semana, y los que mantienen nuestra vida social activa. No les puedes contar todo, pero sí, son esenciales en tu vida.

¿SABES QUIÉN ERA ANDRÉS?

Al ser discípulo de Juan el Bautista, Andrés fue uno de los primeros seguidores de Jesús. En cuanto conoció al Hombre de Nazaret, sus ojos se fijaron en Él de tal forma que no pudo separarse de Él.

Andrés fue un gran punto de conexión entre el ministerio de Jesús y las personas. Pedro mismo, su hermano, quien se convertiría en el patriarca de la Iglesia, conoció a Cristo porque Andrés se lo presentó. Aunque era realmente un amigo del Maestro, Andrés nunca fue parte del círculo de amigos cercanos de Jesús.

Las amistades que funcionan requieren MADUREZ. Imagínate si Andrés hubiera ido murmurando: "Yo llegué primero, presenté a personas a Jesús, y ahora comparte secretos con Pedro. Me ha usado… Todos son iguales…".

Sin equilibrio emocional y sabiduría, nunca cultivaremos verdaderas amistades en ninguna de las tres esferas.

LAS PERSONAS SON ASÍ

En un extracto de *La lista de Schindler*, una gran película sobre un noble que salvó la vida de muchos judíos durante la Segunda Guerra Mundial, se produce un robo y varios prisioneros judíos son interrogados para averiguar quién fue el ladrón.

Como nadie responde al capitán, uno de los hombres es sacado de la fila y asesinado delante de los demás. La tragedia se repetiría hasta que el ladrón se rindiera o fuera entregado por sus compañeros.

El capitán pregunta una vez más quién es el ladrón, y apunta con la pistola a otro hombre del grupo. Antes de que otro fuera ejecutado, un niño da un paso adelante:

"¿Fuiste tú?", dice el oficial.

Temblando y con la cabeza agachada, el niño tan solo señala al hombre muerto en el suelo, indicando que él era el ladrón.

Por supuesto, ese niño fue brillante y salvó a muchas personas con ese rápido pensamiento de incriminar al que ya había caído. Por otro lado, aprendemos que, por lo general, se culpa a quien no se puede defender. Las personas somos así… ¡Tan solo aprende de eso!

MI VECINO NECESARIO

Mi vecino aquí en la calle es mi amigo, y muy necesario. Nos amamos, nos reímos mucho juntos, él me cuida el jardín cuando estoy de viaje, y yo se lo devuelvo de otras maneras. Por ejemplo, una vez me dieron entradas VIP para ver un partido de los Orlando Magic.

Este dar y recibir es parte del mundo real. En el mundo ideal, las personas se ayudan unas a otras sin esperar nada a cambio. En el mundo real, nos decepcionamos si llevamos un regalo al cumpleaños de un vecino y él no nos regala nada en el nuestro. ¿Tengo razón?

De vez en cuando, nos juntamos las familias a comer. Las esposas siguen hablando en el salón mientras nosotros nos llevamos la mejor parte: el grill. ¿Por qué un amigo que entra en mi casa y es cercano a mi familia no está considerado aún como un amigo íntimo?

Lo que distingue a un amigo necesario de un amigo íntimo es lo que yo llamo "el día malo". Solo en esta etapa de la vida, un amigo necesario tiene la oportunidad de subir de nivel.

DEFINICIÓN DE "EL DÍA MALO"

Un día malo es ese en el que recibes la peor noticia de tu vida. Es cuando visitas al médico y recibes el peor diagnóstico; o cuando te das cuenta de que tu empresa se ha hundido. Es cuando todo aquello por lo que llevas luchando toda tu vida se pierde de repente. En ese día, el día de la angustia y la desesperación, guarda algo de fuerza para observar quién ha estado a tu lado.

Aunque no estoy convencido de si mi vecino es un amigo cercano, él sigue siendo mi amigo, pero no comparto con él toda la información de mi vida, como sueños y secretos. Se necesita sabiduría para respetar las esferas. Se necesita madurez para no hablar demasiado o esperar algo de alguien que no puede dártelo.

También hago algunas pruebas. Mira un ejemplo: escojo una historia, un secreto que contar a mi amigo necesario. Es algo privado, pero no muy sensible, y algo a lo que solo él tendría acceso. En caso de que se filtre, esa información no me afectaría en nada, y eso es lo que comparto con él. Si lo que hablamos en privado sale a la luz, sabré que su lugar sigue estando entre los amigos necesarios. En caso de que ese asunto quede solo entre nosotros, entenderé que puedo dar un paso más en nuestra intimidad. He hecho estas pruebas un par de veces, ¡y puedo asegurarte que funciona!

Las esferas de la amistad no son posiciones definitivas. Es posible pasar de una esfera a otra, ya sea de forma positiva o negativa. Ten en mente el consejo que ya he mencionado:

En todo tiempo ama el amigo, y es como un hermano en tiempo de angustia.[5]

LOS MÁS CERCANOS

Esta es una clase de amigos cuyo número siempre contarás con los dedos de una mano. No todos ellos tienen amor y sabiduría suficientes para ser amigos íntimos de otros.

Se necesita amor para revelar errores que los amigos comenten, y sabiduría para mantener secretos y dar consejo en tiempos difíciles. El amor y la sabiduría son características de los candidatos para una amistad cercana.

Tener un círculo íntimo no es un privilegio, sino cuestión de supervivencia. Necesitamos tener alguien a quien llamar, a quien contarle lo que está pasando, con quien llorar en su hombro, con quien revelar secretos y soñar juntos. Esta es una necesidad, y si se reprime, habrá graves consecuencias emocionales y sociales.

Los amigos cercanos no impresionan por sus resultados, sino por su carácter. Les gusta oír en lugar de hablar. No les importa que les "consientas", porque valoran la presencia más que los regalos.

Ahora bien, créeme, y perdóname si estoy siendo repetitivo, pero "un hermano nace para un tiempo de angustia". Es decir, por lo general, los amigos cercanos son los que permanecieron después de tu batalla más difícil.

---

5. Proverbios 17:17.

¿Lo has entendido?

¿SABES QUIÉN ERA JUAN?

El discípulo más joven también era el más cercano a Jesús. Era el único entre los Doce que se quedó con el Maestro hasta el final de su misión. A los pies de la cruz estaban María, algunas otras mujeres, y Juan.

¿Quién fue el más amoroso de entre los apóstoles y discípulos de Cristo? Juan.

¿Quién escuchó más secretos de Jesús? Juan.

Los misterios del Apocalipsis, el final de los tiempos, se le confiaron a él. ¿Y que decir de Lázaro, el amigo por el que Jesús lloró?

Algunas personas entran en tu vida y se ganan tu corazón. Son estas personas por las que deberías llorar, no por las que te hieren. Dedica tus pensamientos y tu tiempo a los que te hacen bien, no a los que te roban la paz o secuestran tus alegrías.

Juan estaba lo suficientemente cerca como para recostar la cabeza en el pecho de Jesús y hacerle una pregunta indiscreta sobre el hombre que traicionaría al Maestro: *"Señor, ¿quién es?"*.[6]

Mientras Jesús enfrentaba su batalla más difícil, ¿imaginas quién era el único entre sus "amigos" que aún estaba ahí? Juan.

Pero, Tiago, ¿me fallarán mis amigos?

Hay un cien por ciento de probabilidades de que sí, lo harán.

Alinea tus expectativas para que no te decepciones. Los amigos no son perfectos, son seres humanos y tienden a cometer errores.

Veamos algunos ejemplos milenarios. Históricamente, Dios siempre será la ÚNICA y verdadera confianza.[7] No deberíamos confiar ciegamente en nadie, por mucho que nos veamos tentados a hacerlo.

---

6. Juan 13:25 (NTV).
7. Ver Salmos 41:9.

Así ha dicho Jehová: Maldito el varón que confía en el hombre, y pone carne por su brazo, y su corazón se aparta de Jehová.[8]

A mí me parece que, además de confiar solo en el ser humano, lo más doloroso en este versículo es que "su corazón se aparta de Jehová".

Un principio de las relaciones humanas que he aprendido en esta vida es este: ¡la paz viene de Dios! Por lo tanto, si no estás en paz con Dios, no estarás en paz con nadie, porque nunca tendrás paz.

Así que diremos lo siguiente:

+ Si siempre estás peleando con Dios, ¿cómo vas a estar en paz con las personas?

+ Si no entiendes el perdón y el amor de Dios hacia ti, ¿cómo amarás y perdonarás a las personas?

Soportándoos unos a otros, y perdonándoos unos a otros si alguno tuviere queja contra otro. De la manera que Cristo os perdonó, así también hacedlo vosotros.[9]

¿Cómo y por qué deshacer una amistad?

El silencio revela quiénes son las personas.

En una ocasión, decidí dejar de hablar con tres amigos muy cercanos que estaban, al menos teóricamente, dentro de mi círculo íntimo. Durante ese tiempo, entendí que conocer el corazón de alguien que dice ser un amigo cercano es esencial para una vida saludable.

Creo verdaderamente que Dios habla con los seres humanos. Ya he escuchado esta voz inexplicablemente dulce. Sin embargo, Él también habla mediante señales, sueños, sentimientos del corazón, usando a otras personas, y de muchas otras maneras.

---

8. Jeremías 17:5.
9. Colosenses 3:13.

Un día, experimenté un fuerte sentimiento en mi corazón. Pensé en una idea, fuerte y tranquila: dejar de hablar a tres de los amigos de mi círculo íntimo.

Durante cuatro meses les saludé normalmente y respondía a sus mensajes por WhatsApp de inmediato. Tan solo no hacía tanto ruido como antes. Ellos tenían el mismo nivel de amistad, intimidad y cercanía conmigo. Cada uno, sin embargo, reaccionó de forma distinta a mi "silencio forzado".

El primero, al que llamaré amigo A, sencillamente no reaccionó, no vino conmigo ni me preguntó nada, pero preguntó a otros amigos suyos: "¿Está bien Tiago? ¿A ti te habla como siempre?".

El segundo, el amigo B, se alejó de mí y comenzó a chismear y hablar mal. "Verás… Tiago es orgulloso… debe estar metido en problemas… Tiago es un falso… abandona a los que comenzaron con él… Está perdido… no sabe lo que quiere". Y me atacaba en público.

El tercero, el amigo C, a diferencia de los otros, intentó acercarse. Mientras más callado estaba yo, más me llamaba, proponía actividades entre nuestras familias, y se acercaba en nuestros encuentros en el aeropuerto (ambos ya viajábamos mucho).

Observemos que las emociones, como siempre, dirigen nuestras acciones y decisiones. Por lo tanto, las emociones definen nuestro destino, porque nuestro futuro es el resultado de nuestras decisiones.

Cuando se terminó el tiempo del silencio, les llamé para hablar. A mi amigo A, que no reaccionó, lo reprendí diciendo: "Podías haberme llamado en lugar de seguir preguntando a otros por mí. Al fin y al cabo, somos amigos". Continuamos nuestra relación de amistad tranquilamente después de esta alerta.

Al amigo B, el que me atacó, le deseé lo mejor, suerte en todo, pero puse fin a nuestra amistad. A fin de cuentas, puedo y debo escoger quién se va a sentar a mi mesa. Observemos que no hay resentimiento ni rudeza. Siempre que nos encontramos, lo saludo y sonrío.

No hablo mal de él, ni siquiera cuando alguien intenta provocar en mí una reacción. Solamente le he cambiado de posición, de amigo cercano a "persona periférica" (ver Capítulo 3).

Y el tercero, el C, ya ha dejado de ser mi amigo y hoy se ha convertido en mi hermano.

Todo en esta vida depende de las personas, y tu felicidad estará en tener la sabiduría para lidiar con ellas.

LA TEORÍA DE LAS ASOCIACIONES

El amigo de mi amigo es mi amigo.
El amigo de mi enemigo es mi enemigo.
El enemigo de mi enemigo es mi amigo.
Proverbio árabe

Algunas personas discrepan del proverbio árabe que acabo de citar. Sin embargo, si piensas en el tema de este capítulo, entenderás que es cierto en el mundo real. Por lo tanto, no seas ingenuo. El mundo hoy rechaza a cualquiera que pretenda no saber nada.

Cuando te asocias con alguien subiendo a las redes una foto con esa persona, por ejemplo, te estás posicionando de un lado (incluso inconscientemente). Los amigos de esa persona, a su vez, empiezan a aceptarte; y, del mismo modo, aunque no seas "culpable de nada", tus enemigos también empezarán a odiarte.

Y ni siquiera intentes disculparte; frases como "ah, pero no lo sabía", o "ah, pero no tengo nada que ver con eso" no serán efectivas para tus enemigos.

Para bien o para mal, no se trata de lo que piensas, sino de la realidad de la vida. Las relaciones y las emociones funcionan así, exactamente como lo dice el proverbio árabe.

En el mundo ideal, este pensamiento sería diferente. En el mundo ideal nos amaríamos los unos a los otros según las enseñanzas de Jesús, y nunca juzgaríamos a nadie para no ser juzgados nosotros mismos. Sin embargo, el mundo real es distinto al mundo ideal. Estamos en una búsqueda constante de un mundo mejor para todos pero, aunque no se convierte en real, tenemos que sobrevivir a este.

Recuerdo que, durante las elecciones brasileñas de 2018 que se vivieron con emociones intensas de odio, puse una foto de la bandera brasileña en mi Instagram con la leyenda: "Brasil, ¡mira hacia arriba! Hay una oportunidad de volver a ser feliz". La cita es parte de la canción "Brasil, mira hacia arriba", del cantante y compositor João Alexandre.

¿Sabes lo que ocurrió?

Los "haters" (aborrecedores) relacionaron la bandera brasileña con un candidato polémico que usaba muchos colores de la bandera en su eslogan, y comenzaron una serie de ataques en mis redes sociales. Nunca he visto tanto odio de tan cerca. Lo único que hice fue poner una imagen de la bandera de mi país.

Así es como funciona la teoría de la asociación. Muchos dejaron de seguirme porque entendieron que yo estaba poniéndome de un lado político en concreto, y no era así. Por otra parte, muchos empezaron a felicitarme y a responder a mi post.

Con respecto a esto, ¡no tiene sentido intentar compadecernos de nosotros mismos!

Tan solo tuve que aprender la lección de ser más intencional en mis asociaciones, en las fotos que tomo, en los posts que publico, en las comidas y fiestas a las que voy. Todo está relacionado, ¿lo entiendes?

Está claro que tengo que correr riesgos cuando se trata de un amigo, sea de la esfera de amistad que sea. Tengo un amigo de mi círculo íntimo que es una figura pública polémica. Por mucho que evitemos poner fotos juntos, muchos saben que somos amigos y hermanos.

El asunto de la relación con este amigo es evidente cuando digo que algunos eventos en los que seré el orador oficial se cancelan de repente cuando el organizador (al que no le cae bien mi amigo) se entera de que esta figura polémica pertenece a mi círculo íntimo.

Nunca me enojo debido a la EMPATÍA. La habilidad de ponernos en los zapatos del otro e intentar ver a través de los ojos del otro nos hace más capaces de dar la bienvenida a los sentimientos del prójimo.

También me alejé de personas que eran probablemente buenas, pero eran perseguidas o vivían en conflicto con algún amigo mío.

Sentir lo que siente el otro nos hace ser humanos y maduros. Por lo tanto, quiero compartir una herramienta de empatía contigo. Haz dos columnas en un papel, y escribe en la columna de la izquierda tres situaciones en las que alguien actuó mal contigo. Puedes escoger cosas pequeñas o una herida profunda. Describe el error y quién lo cometió.

Después, escribe en la columna de la derecha tres situaciones en las que tú actuaste mal con alguien. Menciona el error, y con quién lo cometiste.

Quizá, al terminar este ejercicio, hayas notado que tú también actuaste mal en las mismas cosas en las que otro actuó mal contigo.

Observa ahora algunos ejemplos más de asociaciones que hicimos. Cuando te tomas una foto con la camiseta de un equipo deportivo y la pones en tus redes sociales, cualquiera que sea de otro equipo no simpatizará mucho contigo, especialmente si tú vas con un equipo rival.

Muchas personas ya han resultado heridas por una persona o institución. Cuando te asocias con el agresor, el que fue herido inmediatamente te ve como un villano.

Si mi equipo pone un video en Instagram en el que estoy predicando en una iglesia, tengo muchas visualizaciones. Cuando yo subo un video, incluso con el mismo contenido, pero en un entorno neutro, como un teatro o un centro de convenciones, ¡el número de visualizaciones será tres o cuatro veces más alto!

¿Por qué sucede eso? Porque a muchas personas les ha herido la iglesia. Otros nunca fueron parte de la comunidad, pero se escandalizaron por lo que vieron en televisión o por el testimonio que oyeron de otros. Por lo tanto, cuando mi imagen se asocia con la iglesia, esas personas dejan de existir.

¡Así de sencillo!

A los jugadores de fútbol que se les ve en fiestas cada fin de semana se les relaciona con mujeres, bebida y excesos. Otros, como nunca han sido vistos en situaciones así, guardan públicamente su imagen de buenos muchachos.

Los lugares a los que asistes son asociaciones.

Actualmente, con el avance de las redes sociales, está de moda hacer un video en directo en Instagram, YouTube o Facebook con un invitado influyente. La idea es la asociación de imagen. Así, los seguidores de uno conocen a los seguidores del otro, y viceversa.

Esta teoría se aplica tanto para bien como para mal.

Muchas personas se han ganado el respeto en el mundo empresarial por las asociaciones de imagen. Después de todo, si ese CEO admirado pone una foto con fulanito, debe ser una buena persona, y bueno en lo que hace. Así es como funciona el pensamiento colectivo.

¿Sabes quién era José de Arimatea?

Jesús tenía discípulos y amigos de todo tipo, incluidos los que encajaban en la categoría de admiradores secretos. José de Arimatea era uno de estos, un discípulo secreto de Jesús. No era uno de los más cercanos porque temía ser visto en público con el nazareno y que su imagen se relacionara con Él.

Pero, cuando el Maestro murió, José tenia influencia y amor suficientes para dar algo que Jesús necesitaba. No era un amigo cercano, pero fue estratégico en la vida de Cristo e hizo historia con su gesto. José era un hombre rico que acudió a Pilato y le pidió que le entregara el cuerpo de Jesús para darle un entierro decente en un sepulcro nuevo que había mandado a excavar en la roca. Parece algo demasiado sencillo, pero fue de ese sepulcro de donde Jesús resucitó de los muertos tres días después.

Ahora bien, observa que hay personas que ya son tus amigos, pero no se asocian contigo públicamente porque no están dispuestos a posicionarse. Eso no significa que él o ella sean falsos, pero las personas necesitan tiempo para calcular la pérdida de asociar su imagen con alguien que les pudiera hacer perder algo en el mundo real.

- ¿Con qué y con quién estás relacionado (consciente o inconscientemente)?
- ¿Qué has estado subiendo a tus redes sociales?

Esta teoría es real y, en la actualidad, por las asociaciones de tu imagen, puedes posicionarte y quizá ni siquiera saber lo que has escogido.

PREGUNTAS Y RESPUESTAS

He escogido dos de entre cientos de preguntas que recibí en el curso "Sé un especialista en personas". Participaron miles de personas en las clases en el Internet, y me gustaría compartir estas respuestas que pueden ayudarte a reflexionar en temas muy importantes:

1. *¿Hay una manera en la que un amigo cercano se convierta en un amigo estratégico? Yo tuve una amistad de muchos años con una persona, pero cuando pasé por un momento crítico, él no tuvo ni sabiduría ni amor,*

y me abandonó y me traicionó. ¿Debería mantenerlo en mi círculo íntimo como un amigo estratégico, o no mantener ningún vínculo con él?

Sí, una persona puede ir para delante o para atrás entre las tres esferas o incluso ser expulsado de ellas. Observa que las personas de las esferas de la amistad se escogen para tener algún nivel de coexistencia y confianza. Este nivel se establece cuando consideramos en cuál de ellos está exactamente la persona. En cuanto a mantener a una persona como estratégica o sacarla de las esferas, todo depende del momento y las circunstancias de la vida en las que tú y tus amigos se encuentren.

2. *Tiago, a mí las personas me engañaron, y he sufrido acoso desde que puedo recordar. No creo ni siquiera en lo que dices de las tres esferas de la amistad. Incluso llegué a mantenerme lejos de las personas, prefiriendo estar solo, pero esto no me está haciendo ningún bien. ¿Qué tengo que hacer para tener verdaderos amigos (cercanos), y después necesarios y estratégicos? Y una última cosa: en tu última clase hablaste sobre el matrimonio. ¿Cómo hago para saber si una mujer está interesada en mí como persona o en las cosas que tengo o que le puedo ofrecer? Deseo una mujer que realmente me ame por quien soy, y no por lo que tenga que ofrecer.*

¡No te rindas con las personas! Muchas te han herido, pero muchas otras pueden contribuir a tu sanidad. Descubre cómo lidiar con cada tipo de persona, y tendrás relaciones felices y te sentirás mucho más realizado. ¡Concédete una oportunidad! De lo contrario, te verás condenado a la infelicidad hasta el último día.

> ## ES UNA LOCURA ODIAR TODAS LAS ROSAS SOLO PORQUE TE HAS PINCHADO CON UNA.
> ## ANTOINE DE SAINT-EXUPÉRY, *EL PRINCIPITO*

CONCLUSIÓN

En el mundo ideal no habría tres esferas de la amistad, simplemente porque todos seríamos amigos saludables. Sin embargo, en el mundo real, las esferas son necesarias para guardarte y protegerte emocionalmente.

Con el amigo estratégico, aunque puedas apreciarlo, tienes una relación enfocada en propósitos profesionales o que apunta a aumentar tu red de trabajo.

El amigo necesario es aquel a quien extrañas emocionalmente. Necesitas que se convierta en una mejor persona, ya sea emocional o espiritualmente. Ya sea un vecino con el que hacer una barbacoa el domingo, un familiar con el que compartir una pizza los viernes, o un amigo de toda la vida con quien ir al cine el sábado, necesitamos a las personas.

El amigo cercano o íntimo es un confidente que se interesa por ti. Al margen de lo que representas, te ama a ti y no tanto lo que tienes.

¿Estás preparado para avanzar?

Hay mucho conocimiento que nos espera por delante… ¡vayamos juntos!

"Invierte en las personas. Pero no esperes nada de ellas".

CAPÍTULO 2

LA TEORÍA DE LOS INEVITABLES

Las personas son desechables,
a menos que quieras ser feliz.

En el mundo real hay personas que se cruzan en nuestro camino y parecen piedras en lugar de seres humanos. ¿Cómo lidiar con ellas?

Como ya has observado en el Capítulo 1, para convertirte en un especialista en personas tienes que reconocer quiénes son tus amigos y cuál es el grado de confianza e intimidad que deberías desarrollar en cada esfera de amistad.

En este capítulo voy a presentarte piedras, y nuestra teoría está basada en el hecho de que no hay solo un tipo de piedras sino muchos, de varios tamaños y especies. Según el tipo, formato, peso, y lugar donde están debería haber, por lo tanto, una estrategia específica para lidiar con ellas.

A diferencia de las amistades y las asociaciones que estableces mediante tu facultad de decidir, como presenté en el Capítulo 1, hay personas con las que tendrás que coexistir, aunque no quieras. Por esta razón, los llamamos **inevitables** (tus padres, primos o tías, por ejemplo).

¡Me imagino tu cara mientras recuerdas esa lista de personas ahora mismo! Sí, son como piedras, algunas tan grandes que ni siquiera puedes llamarles piedrita en el zapato. Aprovecho la ocasión para asegurarte esto: en el siguiente capítulo te enseñaré que hay personas que serás capaz de evitar: **los evitables**. De regreso a nuestra analogía, las piedras sobre las que hablaremos en este capítulo no se pueden ignorar, porque de algún modo representan un significado estructural en nuestra vida que no podemos cancelar o modificar.

Un típico ejemplo de esta estrategia de personas difíciles son nuestros familiares: hermanos, cuñados, padres, abuelos, tíos o primos, entre otros. Las personas que forman parte de tu entorno laboral también se podrían incluir en este grupo. Observa que no puedes escoger a tu mamá, papá, hermano, o incluso tu jefe, y la naturaleza de estas relaciones no cambia por tu decisión.

Con esta explicación, seguro que habrás identificado a una persona un poco más difícil de tratar, que podría encajar en esta lista de inevitables, y quizá sientes algo de resentimiento. Entonces, ¿qué tal si escribes abajo esas personas inevitables y difíciles con las que te ha costado mucho lidiar?

¿QUIENES SON LAS INEVITABLES CON LAS QUE TENGO QUE APRENDER A LIDIAR MEJOR?

Mirar esta lista no es fácil. Sin embargo, recuerda que nos hemos propuesto encontrar estrategias y soluciones en enseñanzas de antaño. Por lo tanto, creo que es importante recordar algunos ejemplos emblemáticos sobre el tema, para que podamos digerir mejor este asunto.

José de Egipto fue traicionado y vendido por sus **hermanos.** ¿Puedes hacerte una idea de cuánto le dolió? ¡Seguro que mucho! Y, sin embargo, él no estuvo dándole vueltas a esa traición, no se vengó y después se convirtió en el gobernador del país más importante del mundo antiguo. José alimentó a las personas que lo vendieron, y les proveyó de lo necesario para una buena vida.[10] Y ¿por qué lo hizo? Porque estaba enfocado en ser feliz y cumplir su destino en esta tierra. ¿Qué harías tú en su lugar?

Otro ejemplo es David, que llegó a ser el rey de Israel. Se burlaron de él en el campo de batalla contra Goliat, el gigante filisteo, y lo hicieron sus **hermanos.**[11] Después de aquello, fue perseguido por su **suegro,** quien también intentó matarlo en un par de ocasiones.[12] ¿Crees que es algo fácil de resolver? ¡Me cuesta imaginarme lo doloroso que debe ser! Y, sin embargo, él dejó su dolor a un lado y se convirtió en el líder más grande de la nación. ¿Y tú? ¿Cómo habrías reaccionado si hubieras sido David?

También tenemos a Noé, el hombre conocido por salvar a la humanidad del Diluvio con su arca. Fue su propio **hijo**[13] quien expuso su desnudez cuando se emborrachó. ¿Cómo olvidar una humillación de ese tipo?

¿Y Jacob, quien había huido para que no lo matara su hermano Esaú? La confusión en la familia comenzó cuando Jacob "compró" la primogenitura de su hermano mayor con un plato de comida. Para sellar esta "compra ilegal" que solo sería oficial mediante la bendición de su padre, Jacob se disfrazó de Esaú. Como Esaú era velludo, Jacob

---

10. La historia del odio de los hermanos de José comienza con un sueño. José soñó que sus hermanos se inclinarían ante él. Todo el viaje de José desde entonces hasta la reconciliación con sus hermanos podemos leerlo en Génesis 37:5 al 45:28.

11. La historia de David y Goliat está registrada en 1 Samuel 17.

12. Saúl, rey de Israel, ofrece a su hija en matrimonio a David, y ya planeaba matarlo. La invitación de Saúl a que fuera yerno del rey, junto con la huida de David, se relatan en 1 Samuel 18:17 al 31:7.

13. El extracto en el que el hijo muestra la desnudez de Noé está registrado en Génesis 9:20-29.

se puso piel de animal en sus brazos para engañar a Isaac, que era anciano y estaba casi ciego.[14] ¿Te imaginas el problema que causó? Lo creas o no, años después volvieron a ser amigos.[15] ¡Qué situación tan terrible para una familia!

Jacob tenía otros problemas familiares. ¡Su vida era bastante complicada! Su **suegro** lo engañó en el acuerdo matrimonial y tuvo que trabajar catorce años para poder casarse con Raquel.[16]

Y Noemí fue abandonada por una de sus nueras, Orfa, en el momento en que ella más necesitaba estar acompañada tras el fallecimiento de sus dos hijos.[17]

Repito: ¿y tú? ¿Cómo hubieras reaccionado en cada una de estas situaciones? Te invito a meditar en qué estrategias has adoptado (a veces incluso inconscientemente) para lidiar con los inevitables de tu vida. ¿Los has ignorado? ¿Has buscado la confrontación? Y ahora, lo más importante: ¿qué resultados has obtenido con esas estrategias? ¿Te han aportado paz y consuelo para poder lidiar con los problemas de la mejor manera que sabes?

¿Qué estrategias uso para lidiar con los inevitables de mi vida?	¿Qué resultado he obtenido? ¿Estoy teniendo éxito? ¿Tengo que mejorar o encontrar una estrategia más eficaz y pacífica?

Lo primero que quiero que entiendas es que no hay milagro en este caso, y nadie es transformado de la noche a la mañana. **El primer paso para aprender a armarte emocionalmente cuando te**

---

14. Esaú vende su primogenitura en Génesis 25:27-34. Jacob comparece como su hermano y tiene que huir en Génesis 27:1-5.
15. Jacob y Esaú hicieron las paces en Génesis 33:1-17.
16. Jacob es engañado por su suegro y tiene que trabajar catorce años para casarse con Raquel en Génesis 29:15-30.
17. La muerte de los hijos de Noemí y la despedida de Orfa están narrados en Rut 1:1-14.

relacionas con estas personas es aceptar que están incluidas entre los inevitables.

Como ya he mencionado, es simplemente imposible ignorarlos (en otras palabras, fingir que no existen). Es necesario enfrentar su existencia y el papel que la inevitabilidad juega en tu vida. Sé que no es fácil, pero superar la fase de negación es el primer paso para lograr la recuperación.

Sin embargo, ¡en el último capítulo enseñaré herramientas para lidiar con todo tipo de personas!

¿Y qué hay de la confrontación directa? ¿Es una buena opción?

"LA ÚNICA MANERA DE GANAR UNA DISCUSIÓN ES EVITÁNDOLA". DALE CARNEGIE

Si no hay espacio ni madurez para un diálogo constructivo y sincero, temo informarte de lo siguiente: no vale la pena intentarlo por ahora. Nunca te rindas. Quizá debes posponerlo.

Como dice el dicho: ¿Qué caso tiene darte golpes contra una pared? Solo conseguirás hacerte aún más daño. Todo el que empiece una pelea familiar nunca la ganará. Quizá tengas la razón, pero pierdes mucho emocionalmente.

Permíteme contarte una historia que ocurrió en la ciudad de Sao Paulo.

Doralice, el nombre que usaremos para preservar la verdadera identidad de este personaje, era una joven de 21 años feliz y sana. Siempre involucrada en causas sociales y con el trabajo en la iglesia, soñaba con ser pedagoga, casarse y tener tres hijos.

Dora recibía clases de inglés los jueves en una escuela de idiomas cerca del centro de la ciudad. Aunque no estaba muy acostumbrada, comenzó a darse cuenta de que, siempre que salía de las clases, un hombre la observaba justo frente a la escuela. Comenzó a sentir miedo, y la tercera semana que apareció el hombre, aunque él nunca le hizo nada y ni siquiera habló con ella, la joven decidió llamar a la policía.

Fue ese día, en la estación de policía, cuando ella se enteró de que el hombre que la observaba era su padre biológico. Dora creció creyendo que era la hija de Armando, un hombre consagrado y amoroso. Además, Armando tampoco tenía ni idea de eso.

Toda la familia se quedó sorprendida con la noticia cuando su mamá, Gisele, confesó que había tenido una aventura amorosa años antes estando ya casada. Prefirió fingir que Dora era hija de Armando.

Queridos lectores, ¡ningún secreto quedará oculto por demasiado tiempo! Para que la oscuridad se desvanezca, solo hace falta una pequeña luz.

La familia se quedó en estado de conmoción, Gisele lloraba pidiendo perdón y gritando a su examante: "¿Por qué? ¿Por qué? ¿Qué haces aquí después de tantos años?". El hombre tan solo respondió: "Estoy envejeciendo, y no quería morirme sin conocer a mi hija".

La conexión entre los inevitables es emocionalmente irrompible (aunque negativa). Tarde o temprano sentirás la necesidad de ser aceptado.

Mientras era entrevistada en un canal de televisión, Doralice respondió cuando el reportero le preguntó si perdonaría a su mamá: "Y ¿hay alguna otra forma de ser feliz? Voy a estar un tiempo a solas, y después dejaré que el tiempo sane este dolor".

CUANDO SE TRATA DEL CONFLICTO FAMILIAR, EL TIEMPO ES UN ANALGÉSICO.

Si un problema no se puede resolver en este momento, no hagas nada, solo orar y esperar. Intenta desarrollar autocontrol y enrédate emocionalmente lo menos posible, guardando una distancia de seguridad.

Hay dos caminos en la vida: felicidad y amargura. ¡No hay una tercera opción!

LA FELICIDAD Y LA AMARGURA ESTÁN EN EL MISMO CAMINO, PERO NOS LLEVAN A DESTINOS DISTINTOS.

Tu manera de reaccionar al lidiar con los inevitables te lleva irremediablemente a una de las dos alternativas.

Llega Navidad, y ese cuñado molesto está ahí delante. No lo has escogido como familiar, y ni siquiera puedes estar cinco minutos a su lado, pero ahí están los dos, en el mismo entorno. Y esto sucede porque él es un inevitable. Puede que sea una piedra en tu camino, pero no puedes rodearlo y continuar. Tu cuñado está justo ahí, y tú tienes que aprender a lidiar con él.

Tu papá quizá abandonó a la familia cuando eras pequeño, tu mamá puede que sea fría y quisquillosa, tu hermana quizá te ha dado un portazo en la cara, pero todos ellos seguirán siendo quienes son, biológica y emocionalmente hablando.

Puede que tu jefe sea la persona más ruda del universo, pero a menos que dejes tu trabajo, no hay mucho que se pueda hacer. Cada día en tu vida te someterás a esta coexistencia. Luchar contra eso solo frustrará tu felicidad.

"¡Oh, Tiago, tú dices eso porque no tienes ni idea de lo que me ha pasado!". Bueno, llevo trece años ayudando a personas. No me atrevo a afirmar que lo he visto todo, pero he visto muchas cosas, y humildemente, creo que es improbable que tu historia sea totalmente distinta a las miles que he oído. Mira lo que dice Bráulio Bessa sobre "Ser un aprendiz":

> Mi camino y el tuyo
> No son muy distintos
> Ambos tienen espinos, piedras, hoyos
> Que obstaculizan nuestro crecimiento
>
> Pero no te desanimes
> Porque incluso un tropiezo
> Te impulsa hacia delante.

Por favor, entiende esto: mi intención no es subestimar tu historia. ¡Todo lo contrario! Respeto todos los dolores y las experiencias de cada una de las personas que está leyendo estas palabras. De hecho, la idea es ayudarte a obtener perspectiva: si muchas personas dentro de sus limitaciones ya han vencido el dolor y situaciones difíciles, es totalmente posible que tú, dentro de tus propias limitaciones, seas capaz de reaccionar con éxito a cualquier situación que haya podido acontecer en tu vida.

> **"NO SOY LO QUE ME OCURRIÓ:**
> **SOY ESO EN LO QUE ESCOJO CONVERTIRME".**
> **CARL JUNG**

No puedes escoger las heridas que te infligieron en la vida, ¡pero puedes decidir cómo reaccionar a ellas! No puedes controlar cómo los inevitables te probarán y golpearán, pero puedes aprender a lidiar con cada tipo de situación de una manera inteligente, pacífica y sabia.

Particularmente acerca de los familiares, hay un consejo infalible para todo aquel que aprecie el pensamiento cristiano:

Porque si alguno no provee para los suyos, y mayormente para los de su casa, ha negado la fe, y es peor que un incrédulo.[18]

Observemos que, según la teoría, todos los familiares difíciles son inevitables. Decidimos relacionarnos con los que son agradables de una forma positiva, y pertenecen a las tres esferas de la amistad.

¿Por qué crees que José de Egipto perdonó a sus hermanos cuando estaba en la cresta de la ola, cuando era el hombre más poderoso del mundo? Porque no trataba de tener la razón, o de tomar venganza, ni siquiera de estar de acuerdo con lo que ellos hicieron. Se trataba de no arruinarlo todo, de no hacer que su vida fuera peor, de no perder la oportunidad de estar bien. Sí, ¡se trata de reconectar!

La palabra clave para la relación con los inevitables a partir de ahora es **perdonar** de verdad. El perdón no justifica el error cometido contra ti, pero es capaz de liberarte del dolor de vivir en torno a las cosas que has sufrido. El perdón no es aceptar el error de otro como algo justificable, sino quitar de tus hombros la pesada carga o el resentimiento. Perdonar es liberarte del dolor que el otro te ha causado, es rehusar beber del veneno de la ofensa.

Por lo tanto, te pregunto: ¿estás dispuesto? Nadie más puede hacerlo por ti.

Perdonar es un reto diario, como muchos otros que enfrentas en esta vida. Es la habilidad desarrollada con esfuerzo y el resultado de una decisión. No es un tipo de magia rápida, sino la mejor forma de resolver los problemas con los inevitables. La premisa del perdón es demasiado importante como para darla por sentada.

La película *Extraordinario*, basada en el libro homónimo de R. J. Palácio, cuenta la historia de Auggie, un niño de 10 años que nació con una rara deformidad facial y le realizaron 27 operaciones para poder respirar y ver. Pasó su infancia estudiando en casa y, cuando salía, lo hacía casi como un astronauta, con casco incluido.

18. 1 Timoteo 5:8

NADIE QUIERE VIVIR CON DOLOR, PERO SI LA AGUJA DE LA MEDICINA NO HACE DAÑO AL BRAZO, NO LLEGA LA CURA. ES LO MISMO CON LAS PERSONAS.

Cuando llegó al quinto grado, sus padres decidieron que era el momento de que empezara a asistir a la escuela, y eso lo cambió todo. Auggie tenía muchos retos que enfrentar. La fantástica historia de este niño está llena de algunos inevitables: abusones de clase o incluso su hermana, que se sentía ignorada por el hecho de que toda la familia vivía para Auggie.

Extraordinario nos muestra el poder del perdón en la vida de Auggie cuando es capaz de afirmar a sus inevitables que la apariencia física es solo un detalle en la vida, y la esencia es lo más preciado. Nuestro pequeño héroe es incluso capaz de tener un mejor amigo, Jack, quien lo traiciona y es perdonado.

El perdón atrae a Jack de tal manera, que es capaz de ayudar a Auggie a demostrar que lo más importante en la vida de una persona es algo que no se puede ver.

También encontramos la misma idea en la historia de *El principito*.

Las personas así resisten el perdón porque fueron heridos, sin saber que esta es la única manera de liberar las cadenas emocionales, ¡y edificar relaciones poderosas!

Al igual que tú, yo no escogí a los primos o los suegros que tengo. Ya he tenido serios problemas con algunos de ellos. Sí, me enojé. Sí, le pedí a Dios que se los llevara lejos de mí. Sí, quise vengarme. ¿Para qué valió todo eso? Absolutamente para nada. La semana siguiente, estarían de nuevo en la casa de mi abuela o de mis padres. Las fiestas de fin de año eran nuestro punto de reunión, ¡y solo servían para aumentar mi rabia!

Tardé meses en absorber algunos de los errores y las injusticias que cometieron contra mí (por supuesto, en mi opinión yo tenía la razón, pero cada persona ve la misma situación de forma distinta). Finalmente, me di cuenta de que no debí haberme permitido enojarme. Las circunstancias de la vida solo cambian cuando las enfrentamos.

Al final, entendí que una persona no cambia solo porque a uno no le guste, y entendí que, si quería ser feliz y resolver los problemas con los inevitables, tenía que empezar por mí.

En el mundo ideal, los padres aman y educan a sus hijos, y los hijos honran a sus padres. En este lugar, los familiares (primos, yernos, cuñados, tíos, abuelos) coexisten en armonía y paz, y las personas se ayudan en su entorno laboral y en la comunidad donde viven. El único problema es que este mundo en el que vivimos no es el ideal, sino el real (y es bastante distinto al de la teoría del mundo ideal).

Muchos de nosotros hemos resultado heridos, abandonados o perseguidos por quienes deberían habernos amado y protegido. Vivir no es "un lecho de rosas", ni es algo que "está chupado", como describen los dichos populares. La vida es un mar enfurecido que tenemos que cruzar en nuestra pequeña barca de remos.

Pero, como dice la gente: "Un mar en calma nunca hizo experto a un marinero". Si no dejas de remar, ¡llegarás a tierra firme! ¡La persistencia es la clave!

Quizá lo has intentado de alguna manera concreta varias veces y has obtenido resultados negativos. Tal vez estás "ocupándote de tus cosas" y aun así obtienes resultados negativos. Quizá lo intentas y quieres agradar a todos (lo cual te digo desde ahora que es imposible), e incluso así sigues obteniendo una respuesta negativa. ¡Lo único que no puedes hacer es rendirte! Los problemas son inevitables. No hay forma de escapar de ellos.

Permíteme relatar algunas historias reales. Nuestro equipo de investigación del Instituto Destiny verificó una enorme falta de registros parentales entre las personas de más de 30 años de edad. Es decir, hombres y mujeres que no conocieron a sus padres durante su vida comenzaron a buscarlos, y al encontrarlos les pedían su derecho a incluir sus nombres en sus certificados de nacimiento. No van buscando dinero ni herencia, sino identidad.

Una de las personas que entrevistamos dijo: "Yo no quiero otra cosa que ser el hijo de alguien".

Aunque sus padres los abandonaron, ellos revelaron su dolor mediante su búsqueda de su derecho a tener un apellido y una afiliación. Puedes intentar huir del mal sentimiento de ser menospreciado o herido por tu papá, pero el deseo de ser reconocido siempre será mayor que cualquier agitación emocional.

Janete tiene 34 años y su mamá la abandonó, dejándola al cuidado de una vecina. Ella creció con una brecha abierta por la ausencia de su mamá. Cuando cumplió 31 años, finalmente encontró a su mamá en otro estado del país. Compró un boleto y se presentó allí de sorpresa. Para su asombro, cuando llamó a la puerta, su mamá ni siquiera le quiso abrir. Le envió de regreso a su casa. Hasta la fecha, Janete intenta encontrar una forma de que su mamá la acepte. El desprecio hace mucho daño, pero su deseo de ser hija es mayor que la herida abierta.

Una persona a la que llamaremos Lucas tuvo una infancia y adolescencia muy difíciles. Su papá era violento, alcohólico, y siempre humillaba a toda la familia en público. En muchas ocasiones, Lucas sorprendió a su mamá teniendo relaciones sexuales con un vecino mientras su papá estaba trabajando. Créeme, una infancia así no es fácil de olvidar. Cuando cumplió 18 años, al entrar en las Fuerzas Armadas, Lucas vio a sus padres en la primera fila de su graduación naval. Él sonreía y le daba gracias a Dios por ser capaz de compartir esos momentos con sus familiares.

Todos estos son pequeños ejemplos de varias historias que hemos recibido.

¿Sabes lo que me enseñan las historias de estas personas? Que todos cargamos con dolor y frustración debido a los inevitables; pero tenerlos cerca, a una distancia prudente, siempre será mejor que su ausencia. La vida ya nos sorprende con pérdidas irreparables. ¿Por qué empeorarla?

Un poco más de sabiduría antigua puede ayudarnos mucho ahora:

Si es posible, en cuanto dependa de vosotros, estad en paz con todos los hombres.[19]

Mis estudios sobre relaciones interpersonales me han llevado a una conclusión muy interesante: los seres humanos tenemos una necesidad desesperada de pertenecer a una familia, por muy lejos que esté de ser perfecta. Pongamos por ejemplo la vida de Jacob: él preparó regalos y las mejores ofrendas al encontrarse con su hermano Esaú. Que su hermano le aceptara era más importante para él que el mal que había querido contra él en el pasado.[20]

HAY UN VÍNCULO ESPIRITUAL ENTRE LOS INEVITABLES, PORQUE TÚ NO LOS PUEDES ESCOGER. ¡DIOS TOMÓ ESA DECISIÓN POR TI!

¡Esto es increíble!

---

19. Romanos 12:18.
20. La historia de esta reconciliación está registrada en Génesis 33:1-17.

A tu amigo lo escogiste tú; a tu papá lo escogió Dios por ti. A tu cónyuge lo escogiste tú, pero tu suegra venía en el paquete. Pensemos juntos: tú escogiste a la persona con quien te casaste. Sin embargo, Dios escogió a tu papá y a tu mamá. Tú escogiste a tu socio en la empresa, pero Dios escogió por ti a tus hermanos y cuñados.

Si seguimos por la línea de que nosotros fallamos y Dios es perfecto, ¿qué relaciones tienen más probabilidades de tener éxito?

No es fácil admitir que los inevitables también tienen buenas actitudes (aunque son pocas en algunos casos). No es fácil admitir que los inevitables pueden ser mejores que nosotros en algunas cosas (si no en muchas). No es fácil admitir que algunos de los errores de los inevitables son tan difíciles de tragar precisamente porque son los mismos errores que vemos en nosotros mismos y contra los que luchamos. ¡Somos orgullosos! Queremos ser "los mejores".

Vale la pena observar que hay relaciones muy buenas con inevitables. No todos ellos tienen problemas con los padres o con familiares. Sin embargo, en este libro subrayo las soluciones. Por lo tanto, si estás contento en esta área, detente ahora y dale gracias a Dios, ya que millones de personas se han visto obstaculizadas por un problema que tú no tienes. ¡Vale la pena ser agradecido!

OTROS TIPOS DE INEVITABLES

Tenemos más de seis mil estudiantes en el Club de Inteligencia y Desarrollo (CID), y cientos de ellos me envían preguntas todos los días sobre las relaciones en general. Compartiré algunas de ellas aquí:

Tiago, ¿qué hacer cuando a un compañero de trabajo le encanta competir conmigo y hace lo posible por causarme problemas? Yo no lo escogí como compañero cuando decidí aceptar este empleo.

Maestro, ¿qué hacer con mi hermano en la fe con el que ando en la iglesia, pero que envidia todo lo que tengo? Es insoportable, pero no me parece bien irme de la iglesia solo porque una persona me moleste.

Bueno, queridos, además de los familiares que no escogemos, hay otro tipo de inevitables con los que tenemos que aprender a coexistir: compañeros de trabajo, hermanos de la iglesia, miembros del mismo club social, vecinos, etc.

Probablemente hayas escogido la casa donde vives, pero no pudiste escoger quién viviría en la casa de al lado. La vida es una secuencia de hoyos y sorpresas. La flexibilidad es una herramienta que necesitas en este caso.

¿Qué es la flexibilidad emocional? Quiero que conozcas una parte de mi historia que te ayudará a entender esto. Cuando me mudé a Sao Paulo, fuimos primero a vivir a un apartamento. En el edificio, como suele suceder, los espacios de estacionamiento están delimitados, y cada residente tiene su propio espacio, marcado por unas líneas.

Sin embargo, mi vecino insistía en estacionar su automóvil en mi lugar. Por supuesto, su plaza de estacionamiento tenía una columna que hacía que su entrada resultara difícil, y estaba en la bajada del garaje. La mía, junto a la suya, era perfecta para estacionar. Yo viajo mucho y a veces llego avanzada la noche, cansado después de largas horas de vuelo, y me encontraba su automóvil estacionado en mi plaza. Tardaba diez minutos en maniobrar y estacionar en una plaza que no era la mía. "¡Eso no es justo! Tengo mis derechos", decía para mis adentros.

Muchas veces, lleno de ira, pensaba en cómo resolver eso: "Voy a llamar a su puerta a las 3 de la mañana". "Se lo voy a decir al arrendador". "Voy a llamar a la policía". "¿Sabes qué? Voy a crear un post grandilocuente", y cosas así…

Los sentimientos negativos afloran dentro de nosotros, y es normal. Lo malo es cuando nos dominan. Como he decidido ser un especialista en personas, sabía que IDENTIFICAR una emoción negativa y luchar rápidamente contra ella con la herramienta correcta sería la solución.

La molestia o negligencia de mi vecino se desvanecería para siempre. No con una actitud de ira, sino con mi flexibilidad.

Se puede ser duro y rígido como un lapicero, pero se rompe antes que una goma de borrar. La flexibilidad asegura DURABILIDAD.

Un viernes en la tarde llegué a casa y me di cuenta de que su automóvil estaba sucio. Fui a mi apartamento, me cambié de ropa y bajé con un cubo, jabón y trapos. Lavé su automóvil, dejándolo brillante… y dejé una nota en su parabrisas: "Estacionaste en mi plaza, pero entiendo que es muy difícil estacionar en otra. Si hay algo que puedo hacer para hacerte la vida más fácil, por favor, déjamelo saber".

Queridos lectores, él no solo dejó de estacionar en mi plaza, sino que también se convirtió en un aliado en las reuniones de vecinos. Si peleas contra la enfermedad del orgullo y te haces flexible, la mayoría de tus problemas desaparecerán. Solo hay una vida. ¿Quieres vivirla de guerra en guerra, o huyendo de ellas?

Las fuertes escenas de niños y familias que cruzan peligrosamente el Mar Mediterráneo huyendo de Siria revela que nadie soporta vivir en un entorno hostil. ¡Da los pasos necesarios para asegurarte de no ser parte de eso!

LAS PERSONAS QUE TE SACAN DE QUICIO SON SEÑALES DE ADVERTENCIA DE CUÁN DESBALANCEADO ESTÁS.

Quiero enfatizar la frase que acabo de citar, porque cuando estamos balanceados, no hay nada que sea capaz de robarnos la paz. Nadie secuestra nuestras emociones cuando estamos balanceados.

Un viernes soleado, de esos llenos de vida y alegría que anuncian el fin de semana, me desperté y desayuné. Cuando entré a mi Facebook, vi un post de alguien a quien yo seguía. Me puse nervioso con lo que vi, y comencé a decir para mí: "¿Quién se cree que es este tipo? Su post no tiene sentido… es ridículo…".

Fue cuando me compuse y me di cuenta de que algo andaba mal en mí. A fin de cuentas, ser un especialista en personas no me convierte exactamente en lo que sueño con ser, sino en alguien capaz de identificar rápidamente sentimientos y conductas negativas y que tiene una caja de herramientas disponible para ajustarlas.

Me pregunté: "Tiago, ¿por qué te molesta tanto un simple post? ¿Qué ha provocado esta mezcla de malos sentimientos? ¿Envidias o admiras lo que hace este tipo?".

Entonces tuve una idea de cuán desbalanceado estaba. ¿Cómo puede un desconocido, una cara en el Internet, estropear tu viernes por la mañana temprano?

Piensa en esto: para vivir tu propósito en la vida, necesitarás paz para pasar a la acción y personas para ayudarte a salir. Así que no negocies tu paz y no crees problemas con las personas.

MEDICINA CONTRA EL ORGULLO

Debido a mi déficit de atención, durante algunos periodos de mi vida tuve que tomar medicina. La medicina, en teoría, debería haberme ayudado a estar más enfocado y menos distraído para que pudiera concentrarme en mis tareas diarias. Sin la medicina, si un pajarillo volaba cerca de mi ventana mientras escribía, por ejemplo, eso sería suficiente para robar mi atención y tardaría casi una hora en volver a enfocarme.

Hace unos días, me había despertado a las 8 para enfrentar una agenda con muchas citas. Tenía que ir al helipuerto de mi edificio y subir a un helicóptero que me llevaría a los estudios de televisión donde participaría en una sesión de grabación. Me había tomado mi café negro, como hago cada mañana, y me había tomado la pastilla que me había recomendado el médico.

Cuando me subí al automóvil para salir de casa, ya me sentía un tanto "solo". Estaba feliz, aunque por lo general me suelo despertar no de muy buen humor. Estaba agitado por dentro, y no me daba cuenta de que eran los efectos secundarios de la medicina. Tenía una mezcla de sentimientos y agitación por la medicina y, cuando llegué a los estudios, tomé el teléfono lleno de alegría y comencé a llamar a algunas personas. El problema es que eran personas con las que ya no estaba en contacto.

Por razones que por lo general no recordamos, dejamos atrás a personas. Les perdemos la pista; siempre que nos enojamos, los bloqueamos en las redes sociales; y lo más triste es que nos rendimos con ellas. Pero no lo dudé. Llamé a socios que me habían dado la espalda en el pasado, líderes religiosos que habían hablado mal de mí, amigos que me habían ignorado cuando más los necesitaba. Los llamé enseguida, con un tono positivo y alegre, como: "¡Hola, fulanito, ¡buenos días!".

No sentía ningún resentimiento ni temor por estar llamando; tan solo lo hice, sin dudas ni preguntas. Parecía que el orgullo se había ido de mí. ¿Sabes lo que ocurrió? En una sola mañana sin la "barrera del orgullo" recuperé amistades, me acerqué a personas, valoré a los que eran importantes en mi vida, y arreglé malentendidos. Con algunos de ellos nunca volví a hablar, pero al menos me quité un peso de encima.

¿Resultado? ¡PAZ!

Así que quizá te preguntes: "Tiago, ¿vale la pena reconectar con este tipo de personas?".

Para ser sincero, cuando llamé no tenía la intención de volver a ser un amigo inseparable ni de cenar con algunos de ellos en casa. Sin embargo, el simple hecho de llamar se llevó la indiferencia que de algún modo albergaba mi corazón. Solo fue necesaria una llamada.

La indiferencia mata más que el cáncer. Muchos se enferman por el menosprecio que sufren por parte de aquellos a quienes admiraban o valoraban en el pasado.

Pues bien, cuando regresé para ver a mi doctor, le dije lo que había ocurrido:

"Doctor, esta pastilla que me dio es fuerte, ¿verdad?".

"¿Por qué dice eso?", me preguntó.

"Bueno, realmente me agitó durante quince minutos después de tomarla. Parecía que no tenía vergüenza, ni límites. Llamé a muchas personas para decirles que les amaba, y a otras les llamé pidiéndoles perdón. ¡Fue un poco embarazoso!".

Él sonrió y dijo que la medicina agita un poco las emociones, acelera los pensamientos, pero no provoca actitudes. Es decir, yo quería hacer eso, pero no tenía el valor suficiente para hacerlo. Durante años, el orgullo me había estado impidiendo hacerlo.

Muchas veces, lo que más necesitábamos era un abrazo, ¡pero les dijimos a los que nos aman que se alejaran! Muchas veces dijimos que queríamos estar solos, cuando lo que realmente queríamos era tener compañía… Nos avergüenza aceptar debilidad en nosotros, reconocer nuestras limitaciones, ¡e incluso dar un paso positivo hacia alguien que nos ha herido!

¿Y si hubiera una medicina que inhibiera tu altanería, tu egoísmo, tus conjeturas, tu orgullo? ¿Llamarías a alguien entonces? Por lo tanto, toma este libro como tu medicina. Ponte en contacto con quien consideres importante, y te espero en el siguiente capítulo.

PREGUNTAS Y RESPUESTAS

Al final de cada capítulo compartiré algunas preguntas que nos han enviado nuestros estudiantes del Club de Inteligencia y Desarrollo (CID) que participaron en el curso "Sé un especialista en personas" y mis respectivas respuestas.

1. *Tiago, no puedo perdonar a mi padre. Nos abandonó sin motivo. Pasamos por cosas terribles en la infancia y la adolescencia, como hambre y humillación por no poder pagar las facturas, debido a su irresponsabilidad. Ahora, él ha estado intentando acercarse, pero no permito que suceda. ¿Qué debería hacer?*

Apreciado F., cuando la persona que debería protegernos nos abandona, nuestras emociones se desmoronan. Perdemos la dirección. Pero, como enseñé en la teoría de los inevitables, no puedes fingir que tu papá no existe, y si realmente no estuvieras interesado en resolver esto, ciertamente no me habrías escrito.

Tú quieres resolver la situación, pero crees que, si lo perdonas, de alguna manera validarás todo el mal que él causó. Pero la verdad es que el que perdona se siente libre.

Muchos ya han perdido a sus padres y ahora lamentan no poder perdonarlos o recibir su perdón. Mi consejo es que perdones y seas libre emocionalmente. Quizá no tienes que vivir con tu papá todos los días, pero en tu vida, él siempre tendrá el peso emocional de ser tu padre.

Huir de esto tan solo esparce el dolor. ¡Te deseo paz y prosperidad!

2. *Maestro, ¿cómo trato con compañeros de trabajo que me envidian y cuentan chismes de mí todo el tiempo? ¿Y cuando una de estas personas es tu supervisor?*

Apreciado T., este tipo de inevitables (compañeros de trabajo y vecinos), a diferencia de los familiares que son eternos, puede que estén en nuestra vida solo por un tiempo. Tú escogiste tu empleo, pero no a los que vienen en el "paquete". Tú querías ese puesto, pero no sabías quién sería tu supervisor. ¡Ahora tienes que lidiar con eso!

Mi consejo es que, si ellos te envidian, es porque estás brillando. Esa es una buena señal. Si dicen chismes de ti, es porque el problema lo tienen ellos. Lo que importa es que tú no digas chismes de ellos.

Conócete a ti mismo para que la actitud de ellos no cambie tu manera de ser desde tu nacimiento. Sé fiel a tus valores y desempeña bien en ese trabajo. El bien siempre vence al mal, en caso de que tengas paciencia y decidas escoger el lado correcto.

Al final, tus resultados silenciarán a los oponentes. ¡Te lo aseguro!

3. *Algunos familiares con los que no tengo mucha cercanía insisten en hacerme preguntas engañosas y tienen una conducta entrometida. Por ejemplo, preguntan por mi salario, si mi relación amorosa va bien, quieren hablar sobre mi trabajo, ¡y saber todo sobre mi vida! ¿Cómo actúo en estos casos? ¿Debería ser directo y decir que no quiero hablar de esos temas, arriesgándome con ello a parecer rudo? ¿Cómo enfrento estas situaciones, evitando la confrontación directa (cómo recomendaste)?*

F., pareces inteligente, pero ingenuo. No hay manera de negar información a los familiares cercanos sin causar inconveniencias. Aunque no los consideres cercanos, los familiares tienden a creer que deberían saberlo todo sobre sus familiares. Ya sea por celos, envidia o por curiosidad, siempre te preguntarán.

Mi consejo es simple; no les niegues información, tan solo redúcela. Menospreciar una pregunta a un inevitable es bastante delicado. Por otro lado, si reduces la información, él o ella realmente nunca lo sabrá.

Por ejemplo, si te preguntan cuánto ganas, puedes responder: "Bueno, estoy alegre de trabajar ahí, nos aprecian, y el entorno es creativo. Alguien en un puesto como el mío puede ganar entre 2 y 5 mil, dependiendo del trasfondo educativo y el compromiso con su trabajo".

Creo que, si haces eso, estarás dando una visión general sin entrar en detalles.

4. Estoy tomando un curso con mi esposo. Somos pastores de una iglesia en Santa Catarina. Al principio, nuestra intención era ayudar a las personas a mantenerse en la fe y entenderla mejor. Llevamos cuidando de esta iglesia cinco años, y durante este tiempo la gente siempre me ha herido con palabras y acciones. Hablan delante de mí (y también a mis espaldas) cosas horribles, y hacen falsas acusaciones. La última vez, una pareja me dijo que había deshonrado a mi esposo porque me levanté durante el mensaje. Siempre soy afable y estoy lista para ayudar, soy amable y realmente no entiendo por qué estoy causando problemas. No sé cómo tratar esta situación. Cuando dicen cosas que no soy o que no hago, me pongo extremadamente nerviosa y quiero defenderme. Cada vez que alguien nos pide hablar con nosotros, me angustio y temo que me vuelvan a desafiar. Me gustaría estar emocionalmente protegida. Me he estado preguntando si alguna de mis actitudes provoca este tipo de reacción en las personas. Me he dado cuenta de que todo lo que dicen de mí en realidad refleja y revela quiénes son ellos. Me critican por cosas que ellos hacen. Como pastores, se supone que debemos escucharlos, pero ¿cómo lidio con esto?

¿Cómo puedo ayudar a esas personas sin recibir mucho dolor? Estoy teniendo muchos problemas en el trabajo, en el área económica, en la iglesia, y necesito inteligencia emocional para superar todo esto. La regla del dos en uno[21] es una realidad entre nosotros, y junto a nuestra comunión con Dios, es eso lo que nos ha mantenido firmes hasta ahora. ¿Cómo puedo protegerme? ¿Cómo reaccionar cuando te insultan? Si guardo silencio, creo que recibo la etiqueta; es decir, que la gente vende una falsa imagen de mí a otros.

Apreciada pastora, nadie debería liderar sin estar seguro de que ya ha desarrollado inteligencia emocional. ¿Por qué? Porque, cuando un líder se duele, por lo general afecta a muchas personas y el daño es grande. Cuando el líder resulta herido (porque no está aún

---

21. Este es el tema del capítulo 4.

emocionalmente protegido), se desanima y puede causar otros daños a quienes están bajo su liderazgo.

Mi consejo, para ti que eres cristiana, es un principio bíblico: *"sobre toda cosa guardada, guarda tu corazón"*.[22]

La Biblia menciona la palabra "corazón" más de 900 veces como las oficinas centrales de las emociones. Es decir, por encima de todo deberías proteger, guardar tus emociones, porque todo lo que haces fluye de ellas.

Las personas seguirán lastimándote, y tienes que estar preparada para ello.

Permíteme darte otro consejo bíblico como respuesta a tus preguntas: *"Y si alguno de vosotros tiene falta de sabiduría, pídala a Dios, el cual da a todos abundantemente y sin reproche, y le será dada"*.[23]

CONCLUSIÓN

En el mundo ideal no habría personas inevitables debido al simple hecho de que todos seríamos amorosos y veraces los unos con los otros. Sin embargo, en el mundo real es imposible negar que estas personas existen. Así, nuestra opción es buscar herramientas que nos ayuden a lidiar mejor con quienes no escogemos, pero que están a nuestro alrededor. Creo en las personas, ¡aunque ellos no crean en sí mismos!

"Colecciona momentos y no cosas. Pero para eso necesitarás personas".

---

22. Proverbios 4:23a.
23. Santiago 1:5.

Capítulo 3

LIDIAR CON LOS EVITABLES

El agua enseña, con su sabiduría,
que podemos evitar obstáculos
para alcanzar el destino deseado.
No tenemos que chocarnos,
¡podemos rodearlos!

En este capítulo hablaremos de los evitables. A diferencia de los inevitables que vimos en el Capítulo 2, los evitables son las personas con las que NO ESTAMOS obligados a coexistir diariamente. ¿Entiendes?

Por ejemplo, quizá cambias de peluquero o de dentista porque son personas evitables, y hay varias opciones de profesionales que pueden ocuparse de tu cabello o de tus dientes. Contrariamente a las personas con las que estás obligado a coexistir (los inevitables), los evitables se pueden evitar.

Sin embargo, mi intención con este libro es ayudarte a aprender a lidiar con todo tipo de personas. A medida que las reconoces, tienes que saber cómo lidiar con cada una de ellas de la mejor manera posible y siempre que sea necesario ¡Vamos!

NO TENGO POR QUÉ DECIR TODO LO QUE PIENSO. Y NO ES FALTA DE SINCERIDAD, SINO SABIDURÍA.

Un día, puse la frase de arriba en mi Twitter y provocó los comentarios de la gente. En los comentarios, muchas personas reconocieron que habían perdido amigos, oportunidades y relaciones por no controlar su DISCURSO.

Hay un dicho muy popular que advierte: "en boca cerrada no entran moscas". Saber expresarte es un arte, y como todas las artes, se tiene que practicar y desarrollar.

La famosa frase atribuida a Thomas Edison dice, con sabiduría: "El éxito depende en un 10 por ciento de la inspiración y en un 90 por ciento de la transpiración"; por lo tanto, tienes que intentar descubrir cómo mejorarte a ti mismo en este arte. Por supuesto, hay otra opción: ¡meterme en problemas! ¡Pero recuerda que ser sabio es tomar buenas decisiones!

Es tiempo de dejar atrás esa frase digna de un adolescente: "No acepto ningún sinsentido de nadie. Es ojo por ojo. Así es como hablo, te guste o no".

El arte de las relaciones es vital para el éxito. Es imposible tener éxito sin involucrarte. Aunque creas que "no necesitas a nadie", tendrás que comprar, vender, intercambiar cosas y productos, sea cual sea tu área de conocimiento y de trabajo. Es imposible tener éxito solo. A menos que tu meta en la vida sea convertirte en un ermitaño, *tienes que* desarrollar buenas relaciones. Por esta razón, necesitas ser

FLEXIBLE, como mencioné en el capítulo anterior y daré más detalles ahora.

La flexibilidad viene de tu mentalidad. El físico estadounidense Leonard Mlodinow enfatiza que pensar de forma flexible nos conduce a generar e incorporar nuevas ideas:

> [...] la habilidad para desechar ideas cómodas [...]; la habilidad para vencer actitudes mentales y restructurar las preguntas que hacemos; la habilidad para abandonar nuestras suposiciones arraigadas y abrirnos a nuevos paradigmas [...]; la disposición a experimentar y saber gestionar el error. Es un rango diversificado de talentos [...] revelando distintos aspectos de un estilo cognitivo coherente. Yo lo llamo *pensamiento flexible o elástico*. El pensamiento flexible es lo que nos da la capacidad de resolver nuevos problemas y vencer barreras neuronales y psicológicas que nos impiden ver más allá del orden existente.[24]

Mientras más soñador y abierto de mente seas, más flexible te harás ante la inflexibilidad de ciertas personas. Es interesante reflexionar en lo que dice la sabiduría antigua: *"La blanda respuesta quita la ira"*.[25] Lo que DICES, la respuesta que das, tu forma de expresarte, todo se puede convertir en combustible para una explosión o en un extintor de incendios.

TUS PALABRAS SON EL COMBUSTIBLE QUE ALIMENTA UNA EXPLOSIÓN, O UN EXTINTOR QUE APAGA UN FUEGO.

24. Mlodinow, Leonard. Elástico: como el pensamiento flexible puede cambiar nuestra vida. Río de Janeiro: Zahar, 2018.
25. Proverbios 15:1

Tener sabiduría al usar las palabras es una solución antigua para problemas actuales.

Esto es fácil de entender, pero difícil de practicar.

> ## "EL SABIO NO DICE TODO LO QUE PIENSA, PERO SIEMPRE PIENSA TODO LO QUE DICE".
> ### ARISTÓTELES

Una característica humana es lo que llamamos *impulso*.

El impulso puede salvar nuestra vida. Por ejemplo, un niño distraído corre hacia la carretera en busca de un juguete sin mirar a ambos lados y darse cuenta de que se acerca un automóvil, a 40 kilómetros por hora. El impulso del conductor es frenar, mientras mira por el espejo retrovisor en busca de vías de escape. En pocos segundos, cuando el niño se da cuenta del peligro y, paralizado, con sus ojos abiertos como platos mira al conductor, él ya ha pasado a su lado, aliviado, a 5 kilómetros por hora y se pregunta: "¿Dónde está la persona responsable de este niño?". El impulso del conductor salvó la vida del niño.

Sin embargo, meditando en la historia que acabo de contar, entendemos que el niño también actuó por impulso al correr detrás de un juguete y arriesgar su vida sin darse cuenta de ello hasta que ya era demasiado tarde. Ciertamente, tuvo tres respuestas para su impulso: un corazón acelerado, reproche por la distracción, y gratitud por la habilidad del conductor.

Observemos que todos llevamos un poco de ese niño en nosotros. ¿Quién no ha confiado nunca en alguien a primera vista? Conocemos a alguien hoy, y de inmediato le contamos toda nuestra vida. Si hubiéramos esperado dos meses, habríamos sabido quién es esa persona realmente. Sin embargo, ya es demasiado tarde. Incluso hablamos sobre nuestras mayores debilidades, confiando en alguien que no conocíamos hace unas semanas atrás.

La impulsividad también es la responsable de obstaculizar lo que decimos, de las asociaciones que hacemos y, por supuesto, y esto es lo peor de todo, de nuestras decisiones. Según pasa el tiempo, después de las decepciones causadas por nuestra propia impulsividad (observa que el otro no tiene la culpa; tú decidiste confiar en alguien al que casi no conocías), llega la madurez y nos ayuda a dominarla.

Mientras más maduro eres, y no tiene que ver con la edad, más responsable te vuelves, más tolerante y menos impulsivo serás.

Ser una persona impulsiva produce muchos daños. Prometes lo que no puedes cumplir, vas donde no deberías ir, cuentas lo que nunca debería estar en tu mente, y mucho menos en tu boca.

¿CÓMO ALCANZAR LA MADUREZ?

Pues bien, si llegar a ser una persona madura fuera algo rápido y simple, no habría conflictos, guerras, ni tantos problemas diplomáticos en todo el mundo. Como ya he dicho, por desgracia la madurez no llega necesariamente con la edad. Se desarrolla mediante el entendimiento y la responsabilidad. Por lo tanto, puedes empezar a madurar:

1. si decides crecer emocionalmente;

2. si andas con personas maduras, queriendo aprender a hacerlo;

3. si lees, estudias mucho, y pones en práctica los temas relacionados con la coexistencia humana;

4. si lees y meditas en la Biblia y sus principios, con la intención de obedecerlos;

5. si aprendes a perdonar;

6. si superas tus mayores retos y problemas (esto te hace crecer);

7.   si buscas ser humilde;

8.   si eres cauto y sencillo.

Algunas de las formas expuestas son bastante sencillas si las pones en práctica, como las que tienen que ver con estudiar y buscar el conocimiento académico. Sin embargo, otras necesitan un compromiso más meditado además del estudio, como la búsqueda de la humildad y la prudencia. Tus decisiones diarias y tu decisión de poner cada una de ellas en práctica marcan la diferencia entre desear madurar y abrazarla para tener una vida madura.

NUESTRAS PERSONAS COTIDIANAS

He aquí, yo os envío como a ovejas en medio de lobos; sed, pues, prudentes como serpientes, y sencillos como palomas.

(Mateo 10:16)

Cada día, al salir de la casa, te encontrarás con personas en sus quehaceres diarios. Algunas son conocidas, y a otras nunca las habías visto antes. A algunas las verás regularmente, y a otras en raras ocasiones o solo una vez. La cajera del supermercado más cercano a tu casa quizá sea alguien a quien has visto antes y que verás regularmente, pero el conductor al que contratas en la app probablemente será alguien desconocido, aunque uses esa app a menudo.

Estas personas que nos encontramos ocasionalmente o solo una vez en la vida son las **personas evitables**. Muy pocas veces, estas personas pasarán de una esfera a otra, ya que no hay tiempo para desarrollar ningún tipo de relación más profunda con ellas. Este es el caso del conductor de la app. No es muy probable que consigas el mismo automóvil otra vez, y mucho menos que establezcas una amistad.

Algunas de estas personas te sonreirán, y otras te volverán la cara. A algunas simplemente no les caerás bien, y esto es común o normal. También están los que, debido a que están atravesando un momento difícil, por mucho que te abras y quieras simpatizar con ellos, no responderán. ¿Acaso no haces tú lo mismo de vez en cuando?

Cuando sales de la casa, ¡has de saber que la vida es así! Si eres consciente de esto, sufrirás menos.

El simple hecho de saberlo, aunque no siempre de manera consciente, ¡ya es un tipo de protección! El conocimiento nos protege de los disparos de miradas y palabras que intentan golpearnos.

Como Jesús enseñó en el versículo de Mateo citado al principio de este tema, somos ovejas en medio de lobos cada día. Piensa en esto: ¿acaso lucha una oveja contra un lobo?

Cuando el Maestro muestra la situación, también nos enseña, revelando CÓMO deberíamos reaccionar: ser PRUDENTES como serpientes y SENCILLOS como palomas.

¿Has observado cómo se comporta una serpiente?

En el año 2016 estaba viendo una serie sobre las serpientes en Discovery Channel y aprendí que una serpiente se mantiene escondida, siempre tendiendo una emboscada. No se enfrenta al hombre, pero ataca siempre que sea necesario cuando se siente amenazada. Cuando está buscando comida, como el ladrón que espera la distracción de su víctima, se mantiene quieta, evaluando el momento correcto para atacar.

La paloma, por el contrario, está en las plazas, entre las multitudes. Sin orgullo alguno, las palomas se alimentan de granos que las personas tiran o cosas que caen al suelo. A veces están en las calles picoteando algo hasta que llega un automóvil hacia ellas y alzan el vuelo. ¡La simplicidad las define!

Cuando el Maestro nos aconseja que seamos como palomas, nos está diciendo que seamos simples, no pretenciosos, dependientes del cuidado de otros cuando sea necesario, que tengamos sabiduría para volar cuando se acerque algún peligro. Además, nos advierte que nos ocupemos de ser prudentes como las serpientes, de mantener la cautela, esperando el momento correcto para movernos, para que podamos actuar y reaccionar de la mejor forma posible.

Del mismo modo, se nos avisa sobre cómo deberíamos actuar y reaccionar. Las personas en este mundo real también actúan y reaccionan. En el mundo ideal, todos actúan con amabilidad con los que tienen a su alrededor. Sin embargo, este es el mundo real, ¿cierto?

Pensando en esto, te presento dos tipos de personas evitables que siempre te encontrarás, dondequiera que vayas en tu vida cotidiana. En este libro los llamaré *facilitadores* y *bloqueadores*. Veamos algunas características de estas personas:

Facilitadores	Bloqueadores
Siempre están sonriendo	Siempre están de mal humor
Quieren ayudar incluso cuando el problema no les afecta a ellos	No intentan hacer el bien sin ver por su propio interés
No toman nota de los errores	Están amargados
No están apegados a las cosas materiales	Son tacaños
Están disponibles y les gusta oír a otros	Son egoístas

¡Observemos que las actitudes de los facilitadores y de los bloqueadores son diametralmente opuestas! Sin embargo, hay una cosa que no incluí en la tabla: ¡la felicidad!

Todo el que ya es feliz hace que las vidas de los demás sean más fáciles gratuitamente. No hay dificultades cuando se trata de ayudar a las personas y abrir puertas. La persona se siente bien y feliz, así que quiere lo mismo para otros.

Por otro lado, el que aún se siente triste y vacío se convierte en un bloqueador de sueños, ideas y alegrías. Incluso en los días soleados y alegres, en medio de las fiestas, termina molestando a los demás. ¡Los bloqueadores son personas tristes!

Como trabajo viajando para dar conferencias y cursos en cuatro continentes (hasta ahora, solo Oceanía no ha recibido nuestros entrenamientos o conferencias en persona), he tenido que lidiar con personas desconocidas todos los días: los inevitables. Con respecto a las personas en los aeropuertos, me he convertido en un experto de forma casi natural.

Una vez, llegué a tomar un vuelo en el último minuto. Corrí a la zona de embarque con mi documento y dije, aliviado: "¡Lo conseguí! ¡Vaya! ¡Estoy en este vuelo de las 3 en punto!".

La ayudante de la aerolínea, que se estaba arreglando las uñas, sin dejar lo que estaba haciendo e incluso mirándome, dijo: "Demasiado tarde, señor. El vuelo ya está cerrado".

De inmediato comencé a rogarle: "Por favor, he llegado cinco minutos antes de que se cierre el embarque y no tengo equipaje, ¡ayúdeme!". Ella, mostrando sarcasmo (lo cual hace enojar a cualquiera), repitió: "¡Está cerrado, caballero!". Me desesperé porque ese era el único vuelo a la ciudad que debía ir ese día.

Otra empleada de la aerolínea, a cinco metros de distancia en el mismo mostrador, vio mi desesperación y preguntó: "¿Qué sucede?". Yo puse mi mejor cara de buena persona y le expliqué que no tenía equipaje y que, si corría, llegaría a tiempo a tomar el vuelo antes de que se cerrara el embarque. Ella tomó mi documento, sonrió, miró su reloj y dijo: "Sí, si corre, aún tiene tiempo. Tome su tarjeta de embarque".

Le di las gracias, ¡y salí corriendo! Y sí, ¡pude subirme al avión!

¿Cuál es la diferencia entre las dos ayudantes si, SÍ, era posible el embarque? Una quería facilitar la vida a los demás, y la otra bloquearla.

La vida emocional, sobre la que hablo en casi todos los demás libros que he escrito, es lo que determina el tipo de persona que eres en tu vida cotidiana. La vida espiritual es el fuego que prende la disposición a ser mejor y ayudar a alguien cada día. La vida emocional es el balance para hacerlo de forma constante.

LA MUCHACHA QUE FACILITÓ EL MILAGRO

En uno de mis videos en YouTube, relato una conocida historia bíblica[26] que expresa el significado de ser un FACILITADOR.

Es la historia de una muchacha que fue secuestrada en su tierra, Jerusalén, por el ejército sirio. El pueblo de Israel cayó en manos de una nación enemiga que destruyó la Ciudad Santa y se llevó a algunos hebreos como esclavos. Entre ellos, estaba esta muchacha.

Imagínate cuántos sueños tiene una muchacha. El amor que recibía de sus padres. La seguridad de su hogar, las amigas del vecindario. Todo eso se vio interrumpido súbitamente por la destrucción, las muertes y los secuestros. Ella se convirtió en una esclava en un país extranjero.

Este acontecimiento nos asustaría a todos. ¡Nadie puede soportar la injusticia!

Sin embargo, al leer el texto, la muchacha no parece estar muy afectada. Por el contrario, cuando se da cuenta de que su "señor", un general sirio y héroe de guerra llamado Naamán, tiene lepra, ella suspira y dice: *"Si rogase mi señor al profeta que está en Samaria* (¡el famoso profeta Eliseo!), *él lo sanaría de su lepra"*.[27]

¡Espera un minuto! Déjame ver si entiendo esto: la muchacha a quien le habían robado su futuro, que sufrió una tremenda injusticia, ¿da información de dónde su secuestrador podía encontrar la solución a su mayor problema?

¡SÍ!

---

26. La historia de la esclava de la esposa de Naamán que facilita un milagro se relata en 2 Reyes 5.

27. 2 Reyes 5:3

Los facilitadores no tienen un tiempo o un día concretos para hacer el bien. ¡Simplemente lo hacen!

CADA UNO DA LO QUE TIENE.

Como dice la Biblia: *"y al que sabe hacer lo bueno, y no lo hace, le es pecado".*[28]

Amigos, ¿cómo puede ser? ¿Qué hay de mis derechos? ¡Y del dolor que sentí! ¿Así de fácil?

Pues bien, parece que la muchacha estaba más enfocada en resolver problemas y entrar en la Historia (como hizo) que en llorar por su doloroso pasado que no dejaría de existir de todas maneras.

Y ¿cómo terminó el relato? Naamán, el comandante del ejército sirio, con permiso del rey de Israel, fue a casa de Eliseo, el gran profeta que le ordenó mediante un mensajero lavarse siete veces en el río Jordán. Al principio, Naamán se decepcionó por algo muy sencillo de hacer (¿solo un baño?), y porque Eliseo no le había recibido personalmente. Sin embargo, después de escuchar a sus oficiales que lo animaban a hacerlo, decidió obedecer al hombre de Dios y fue sanado milagrosamente.[29]

LIDIAR CON PERSONAS DIFÍCILES

Observemos que, guardando las proporciones debidas, hay personas que, por el simple hecho de tener mal humor, intentan estropearte el día. Y te recuerdo que esa persona ni siquiera fue secuestrada en su infancia y obligada a hacer trabajo de esclavo.

¿Cuántas veces he entrado en tiendas donde el vendedor, que cobra por atender a cualquiera que entre, está de mal humor? Cuando eso sucede, como clientes, tendemos a pensar: "¿Voy a gastar mi dinero aquí? ¿Voy a ser responsable de que este negocio continúe,

---

28. Santiago 4:17.
29. Según el relato completo de 2 Reyes 5.

cuando a quien debería servirme con atención y prontitud no podría importarle menos?".

Los bloqueadores son muy comunes. Están en el atasco de tráfico, en las tiendas, al otro lado del teléfono, e incluso dentro de tu casa.

Ahora quiero contarte una historia que muchas personas que me conocen por el Internet ya han escuchado. Se conoció como el video del "un cafecito en el aeropuerto" y se hizo viral en las redes sociales. En él, relato un episodio que sucedió en 2015, cuando Jeanine y yo estábamos en el aeropuerto Galeão, en Río de Janeiro, embarcando para irnos de vacaciones a Londres.

La muchacha que servía el café tardó unos 10 minutos en llegar a nuestra mesa a tomarnos la orden, aunque yo había levantado la mano pidiendo su ayuda. Ella trajo el menú con precios exorbitantes, lo arrojó sobre la mesa de mala manera, y se fue.

Yo me enojé, pero quería tomarme el café rápido e ir después a la zona de preembarque.

Escogimos un café barato, de unos 3 dólares. Así es, 3 dólares (¡) por una taza de café. Levanté la mano de nuevo para llamarle a fin de que nos tomara la orden. Así pasaron otros 10 minutos.

Frunciendo el ceño y sin decir ni una sola palabra, ella vino a nuestra mesa, nos tomó la orden y se fue. Unos minutos de terror después hasta que nos trajo el café. Finalmente se acercó, y soltó la bandeja de forma tan agresiva, que la taza se movió y se derramaron unos 50 centavos de café en el platillo.

Jeanine, que por lo general es tranquila, se enojó y dijo: "¡Ya basta! Llamemos al gerente". Yo me mantuve calmado y después respondí, diciendo: "Querida, ponte en sus zapatos. Nos vamos a Europa, gracias a Dios con algunos euros en el bolsillo. Ella está detrás de un mostrador. Llegó aquí a las 5 de la mañana y limpia mesa tras mesa. Mientras trabaja, ve a cada cliente con su maleta embarcando hacia sus sueños y proyectos. No sabes si dejó algún hijo enfermo en su casa cuando llegó a trabajar; no tenemos ni idea de si tiene un esposo violento que la maltrató esta mañana. Solo vemos a una persona molesta y aparentemente con mal genio. Pero debe haber algo detrás de ello. Si llamamos al gerente, le vamos a arruinar el día en vez de salvárselo".

Fue entonces cuando, por primera vez, apliqué esta herramienta con un bloqueador. Ella, sin intención alguna, quería arruinarme el día, pero yo decidí hacer que su día fuera mejor.

Me levanté, fui al mostrador y le pedí la cuenta. Cuando me la dio, le tomé de la mano y le dije: "¡GRACIAS!", así, de forma muy enfática. A lo cual, con sarcasmo, ella respondió: "Gracias ¿por qué?", soltándose de mis manos.

Yo continué: "Gracias porque, incluso con problemas, porque estoy seguro de que estás pasando por alguno muy grave, aun así has decidido salir de casa y servir a los clientes aquí. Pero quiero decirte que eso por lo que estás pasando es parte de tu camino, y no tu destino. Las cosas mejorarán".

Le dejé una propina y me fui. Como era de esperar en una situación así, ella se quedó petrificada, asimilando mis palabras y llorando.

El nombre de esta herramienta es COMPASIÓN. Es capaz de desarmar a un bloqueador. La compasión es un arma poderosa.

"Pero Tiago, en la práctica, ¿de qué se trata la compasión?", quizá te estés preguntando.

La compasión es una evolución de la empatía. La empatía es ponerte en los zapatos del otro; la compasión es sentir lo que el otro está sintiendo y no posicionarte en esta situación. ¿Lo entiendes?

LA COMPASIÓN ES LA EVOLUCIÓN DE LA EMPATÍA.

DÍAS MALOS

Al margen de lo bueno que seas, los días malos son inevitables. Cuando llegan, actúas y reaccionas de manera distinta a como lo haces en los días comunes. Somos humanos, y por lo tanto, vulnerables a las situaciones negativas externas.

Recuerdo que, en un día lluvioso, me desperté muy temprano y comencé a hacer mi maleta para otro viaje en Brasil. Como vivía en Sao Paulo en ese entonces, tenía que cruzar obligatoriamente Marginal Tietê para llegar al aeropuerto Guarulhos.

Ese día llovía en Sao Paulo, y todos sabemos bien lo que ocurre en una gran ciudad cuando llueve: estuvimos atascados en el tráfico dos horas y cuarenta minutos en medio de la lluvia y el caos.

Como ya sabía que iba a perder el vuelo, comencé a llamar a mi oficina para que ellos se pusieran en contacto con el equipo del evento en la ciudad a la que me dirigía. Pasé tiempo en la app de la aerolínea intentando estar en el siguiente vuelo, lo cual me produjo un gran dolor de cabeza por leer en el teléfono celular mientras el automóvil se detenía y continuaba infinitas veces.

Para empeorar aún más las cosas, me llamó Jeanine diciéndome que nuestra hija Julia no se sentía bien en la escuela y que el director le había pedido que fuera enseguida (resultó ser algo sencillo de la infancia, pero era necesaria la presencia de alguno de los padres).

Después de todos los problemas, llegué agitado al aeropuerto, ya arrepentido de haberme ido de la casa ese día. Además, la mujer que me atendió en el mostrador de embarque comenzó a complicarme aún más la vida.

Me dijo que no podía embarcar ese día porque todos los vuelos estaban llenos, etc. En ese mismo momento, alguien me tocó en el hombro y me dijo: "Hola, Tiago, ¿puedo hacerme una foto contigo?".

Miré y le pregunté: "¿Lo dices en serio? ¿No te das cuenta de que estoy en medio de un problema?". Ella frunció el ceño y respondió:

"¡Eres un ignorante, urghh...!". Bueno, yo sé (así como los que viven conmigo) que no soy ningún ignorante, pero sí, reaccioné de una forma inesperada porque había tenido un día muy malo. Cometí el error de dar por sentado el autocontrol y a las personas que había a mi alrededor.

Gracias a Dios, pude revertir la situación. Fui con esa persona, me disculpé humildemente y le presté la atención debida.

Tener un mal día y enojarse por eso es común. Sin embargo, no todos tienen la sabiduría para discernir que una persona que se acerca a ti no puede ser la razón de tu decepción. Y, si no hubiera tenido la sabiduría para intentar revertir la situación, podría haber acabado con la admiración que esa mujer sentía por mí.

Las palabras mal dichas que expresamos tienen mucho poder. Intentar una reconciliación también. Por lo tanto, intentemos no cometer errores con las palabras, pero en caso de que lo hagamos, estemos listos para corregirlos. Recuerda que también sucede lo contrario. A veces, quien te menosprecia hoy no lo hizo para herirte, sino porque tenía un mal día. Considera siempre las reacciones de otros con compasión.

UN DÍA NO DEFINE QUIÉN ERES, PERO QUIÉN ERES TÚ DEFINE TU DÍA.

Destaco aquí que cometemos errores y que seguiremos cometiéndolos de una u otra manera en esta vida. Para luchar contra las consecuencias de un resbalón, las herramientas que hay que usar son el arrepentimiento y la humildad:

Arrepentimiento para reconocer tu error, y humildad para ir con la persona a la que has ofendido, disculparte y, si es posible, arreglar el error.

Entiende lo siguiente: ¡vale la pena!

Cuántos errores nunca se convertirían en la guerra o el escándalo que llegan a ser si la parte que falló se hubiera arrepentido y hubiera pedido perdón con humildad.

¡Parece que a los seres humanos nos gusta complicar las cosas sencillas de la vida!

¿Has cometido un error? Pide perdón.

¿Has pecado? Arrepiéntete.

> ## "UN ERROR EN LA VIDA NO ES UNA VIDA DE ERRORES".
> ## PADRE ZEZINHO

LAS PERSONAS SON ASÍ

En la comedia romántica *Si tuviera 30*, el sueño de la adolescente Jenna es deshacerse de algunos inevitables (compañeros de clase) para hacerlos evitables y no tener que lidiar más con ellos.

Me explico: Jenna no era bien aceptada en el grupo de muchachas populares de la escuela y no tenía al chico más codiciado a sus pies. Ella les hacía favores a los populares siendo inteligente como una forma de comprar su entrada al grupo, pero siempre duraba muy poco tiempo.

Entonces, para deshacerse de esta situación, Jenna quiso saltarse la etapa y tener una vida plena sin lidiar con esas personas inevitables (¿quién no ha deseado eso?).

Sin embargo, la vida adulta no parecía fácil cuando se despertó con 30 años, una carrera exitosa, ¡y la cabeza de una adolescente! Qué triste cuando se dio cuenta de que había dejado atrás muchas cosas para "ser aceptada". Descubrió que había perdido cosas esenciales como la justicia y buenas relaciones.

Las personas son así: a cambio de aceptación temporal, reemplazan lo esencial por lo superficial. Pero, en el futuro, el pasado termina regresando y acechándonos cuando no lo resolvemos adecuadamente.

¡Pedir perdón por nuestros errores es algo que deberíamos hacer todos los días!

¡Perdonar es una medicina vital! El Dr. Fred Luskin, psicoterapeuta e investigador de la Universidad de Stanford y Carl Thoresen, doctor en Psicología, desarrollaron un estudio de seis semanas con técnicas de perdón. Los resultados indicaron una reducción del nivel de estrés, menos ira, más confianza en que, en el futuro, perdonarían cada vez más fácilmente. Además, hubo una mejoría física de los síntomas como el dolor de pecho y de espalda, náuseas, dolor de cabeza, falta de sueño y pérdida de apetito. Así, Luskin concluyó que perdonar es una manera de alcanzar la calma y la paz, tanto con el otro como con uno mismo. En su libro, Luskin presenta nueve pasos para perdonar.[30]

HERIR NO ES UNA OPCIÓN

La verdadera victoria en una discusión no es terminar teniendo la razón, sino que nadie resulte herido.

En este libro, una de mis metas es mostrarte *la importancia de no hacer enemigos conscientemente*. De forma natural, tendrás algunos que no hiciste y, sin embargo, han decidido serlo. No te propongas aumentar ese número a propósito.

¡A las personas les encantan las discusiones! Hay incluso programas de televisión ¡especializados en poner a personas a discutir unos con otros! Más del 80 por ciento de la población mundial está

30. LUSKIN, Fred. O poder do perdão: uma receita provada para a saúde e a felicidade (São Paulo: W11 Editores, 2007).

emocionalmente enferma. ¡Esto es un hecho! Augusto Cury afirma en sus libros que "la humanidad está enfermando de forma rápida y colectiva".

Según el periódico O Globo, en un reporte publicado en octubre de 2018, 10 de cada 40 enfermedades en el mundo hoy día tienen un origen emocional: pérdida del cabello, úlceras, falta de sueño y problemas de piel son algunos de los síntomas psicosomáticos que se vuelven físicos en las vidas de las personas. El mismo reporte muestra que la falta de programas para abordar problemas a medio y largo plazo como la depresión, los ataques de pánico y otros síndromes, generarán costos de 15 billones de dólares en la economía global entre 2010 y 2030.

Vikram Patel, profesor de medicina de la Universidad de Harvard en Boston calcula que el fracaso colectivo a la hora de responder a la crisis global de salud psicológica tiene como resultado una "pérdida monumental de capacidades humanas", y que una de cada cuatro personas ya están emocionalmente *aterradas*.

Apreciado lector, alguien que tenga un nivel de presión emocional tan alto como para desarrollar consecuencias físicas, no es capaz de relacionarse en paz con quienes le rodean. Alguien que esté luchando contra complejos, angustias, depresiones y cosas semejantes, no es capaz de llevarse bien con nadie.

Por lo tanto, recuerda que las personas difíciles que se cruzan en tu camino diariamente quizá estén pasando por alguno de los problemas mencionados arriba. Quizá esta es una de las razones por las que lidiar con personas es algo tan complejo. Cada uno tiene su propia historia, su batalla íntima, y sus fantasmas emocionales.

El libro de sabiduría antigua nos presenta una solución para alcanzar la felicidad: *"Mirad que ninguno pague a otro mal por mal"*.[31]

---

31. 1 Tesalonicenses 5:15.

¿A qué conclusión podemos llegar con esto? No podemos impedir que las personas nos hagan daño, pues no podemos controlar lo que nos ocurre, ¡es externo! Sin embargo, nuestras reacciones a ese daño dependen únicamente de nosotros, ¡son internas!

LOS EVITABLES SON COMO PIEDRAS EN EL CAMINO; NO TIENE SENTIDO HACERTE DAÑO EN EL PIE POR DARLES PATADAS.

Y la sabiduría confirma, en otro texto, que esta es una decisión individual e interna: *"Si es posible, en cuanto dependa de vosotros, estad en paz con todos los hombres"*.[32]

Negocia con dólares o con euros. Asume riesgos con bitcoins, ¡pero no juegues con que tú eres tu paz! Nada es más caro que eso. No vale la pena negociar con ello.

Reflexiona en tu vida y en la vida de los que te rodean: ¿qué puede hacer realmente un ser humano sin paz?

LA PAZ SOLO ES POSIBLE CUANDO LA CAPACIDAD DE PERDONAR ES MAYOR QUE EL DESEO DE TENER LA RAZÓN.

Hay una expresión que se hizo muy popular en Brasil, atribuida al poeta Ferreira Gullar: "¡Tienes que elegir si quieres ser feliz o tener la razón!".

El símbolo de una vida victoriosa no es el número de amigos que tenemos, sino el número de enemigos que hicimos. No ayuda mucho tener diez amigos si tienes 30 enemigos.

32. Romanos 12:18.

Por lo tanto, toma nota, subraya, entiende y multiplica uno de los consejos más importantes de este libro. Es un extracto de la sabiduría que ha atravesado miles de años y que nos enseña lo siguiente:

> Y MANIFIESTAS *son las obras de la carne, que son: adulterio, fornicación, inmundicia, lascivia, idolatría, hechicerías,* ENEMISTADES, PLEITOS, *celos,* IRAS, *contiendas,* DISENSIONES, *herejías, envidias, homicidios, borracheras, orgías, y cosas semejantes a estas; acerca de las cuales os amonesto, como ya os lo he dicho antes, que los que practican tales cosas* NO HEREDARÁN *el reino de Dios.*[33]

Enemistades, iras, pleitos, disensiones, envidias: todos estos pequeños enojos están en la misma categoría de errores que la prostitución, la hechicería, e incluso los homicidios. ¿Está claro?

No alimentes las enemistades, resuélvelas antes de que sea demasiado tarde.

No dejes que el día termine sin resolver tus enojos.

Créeme, escribí este libro para ayudarte.

No te mantengas fuera de la MAYOR PROMESA BÍBLICA para los seres humanos, que es el reino de Dios, por enemistades o cosas semejantes.

¡Este es el momento! No te demores. Te estoy esperando. Ve por tu teléfono y llama, o al menos envía un mensaje, a esas personas con las que tienes que hacer las paces. Quizá pienses o digas que no hay nada por lo que disculparse, porque fue la otra persona quien quiso hacerte daño, pero entonces regresamos a la frase: "¿quieres ser feliz o tener la razón?". En este punto, *ser feliz* significa recibir una promesa del reino de Dios. ¿Prefieres recibir la promesa o tener la razón?

---

33. Gálatas 5:19-21 (énfasis del autor).

Observa que Jesús, en el libro de sabiduría antigua, también te guía a ir con alguien que tenga algo contra ti y buscar la reconciliación: *"...reconcíliate primero con tu hermano"*.[34]

NOSOTROS ESCOGEMOS NUESTRAS BATALLAS

Cuando creas un problema a propósito, decides que es una guerra que vas a enfrentar. Cuando decides seguir en una discusión, TÚ ESCOGES, voluntariamente, entrar en una guerra. Cuando alguien te hiere y no le devuelves un bien, TÚ OPTAS por estar en guerra.

EN LA PRESENCIA DE LA GUERRA, HAY AUSENCIA DE PAZ.

Quiero preguntarte algo que me parece crucial: ¿cuánto cuesta tu paz? En mi vida, ¡te aseguro que no tiene precio!

Por lo tanto, no te metas en una guerra que no es tuya. Todos tenemos problemas en la vida, y no es justo meterte en los problemas de otro sin tan siquiera haber resuelto los tuyos. ¡Estar en paz vale mucho más que eso! Vale mucho más que "hacer tuya la pelea de otro", aunque esa persona te sea muy querida.

Entiende que no existe tal cosa como un reporte imparcial. Cuando alguien te cuenta algo, hay una historia, o al menos un rango de sentimientos, que provocó que esa persona se metiera en una guerra. No te toca a ti ser el juez de un desacuerdo que ni siquiera te pertenece.

Atento a lo que dice al respecto la sabiduría divina:

No juzguéis, para que no seáis juzgados. Porque CON EL JUICIO con que juzgáis, seréis juzgados, y con la MEDIDA con que medís,

---

34. Mateo 5:22-23.

os será medido. ¿Y por qué miras la paja que está en el ojo de tu hermano, y no echas de ver la viga que está en tu propio ojo? ¿O cómo dirás a tu hermano: Déjame sacar la paja de tu ojo, y he aquí la viga en el ojo tuyo? ¡HIPÓCRITA! saca primero la viga de tu propio ojo, y entonces verás bien para sacar la paja del ojo de tu hermano.[35]

HECHIZOS

¿Has visto carteles en las grandes ciudades que dicen: "Le traigo a sus SERES QUERIDOS en 3 días"? Pues bien, cuando veo algo así, creo que nunca he visto un cartel que diga: "Le traigo su automóvil o su casa soñada en 3 días".

Esto sucede porque las personas son el objetivo de los hechizos, no las cosas. Las personas tienen emociones, y cualquier actividad "espiritual" necesitará emociones para ser eficaz.

Estoy escribiendo este capítulo mientras visito la ciudad de Kuito en Angola, África. Fue aquí donde más afectó una guerra civil que duró cerca de treinta años a estas maravillosas y pacíficas personas. Aún puedo ver el reflejo de ese tiempo de violencia en las calles. Edificios llenos de impactos de balas, casas destruidas, y gentes con un alto índice de amputaciones.

Un día, visité el hospital de la ciudad para ofrecer consuelo a quienes estaban sufriendo, mediante abrazos y oraciones. La experiencia es enriquecedora, pero difícil. Triste, de hecho.

He aprendido mucho en estos días aquí en África. En Angola, provincia de Bié, donde muchos pueblos están al borde de morir de hambre, las personas siempre tienen un puñado de frijoles para pagar al hechicero local. Sí, se le tiene miedo porque, según la leyenda, él tiene el poder para paralizar la vida de alguien. Sí. Paralizar la vida. Las cosas no tienen vida, solo las personas la tienen.

---

35. Mateo 7:1-5 (énfasis del autor).

¡Los hechizos son para las PERSONAS! Creo que ni siquiera te imaginas por qué quieren un hechicero, ¿verdad? Por envidia.

Es casi increíble que. en pueblos sin ningún recurso material, haya una envidia ferviente. Fue ahí donde descubrí que la envidia no tiene nada que ver con tener dinero, sino más bien con ser feliz.

Las personas que no son felices, por lo general no saben cómo lidiar con la felicidad del otro; porque el mundo en general es triste, ellos están tristes, y entonces simplemente no aceptan que haya felicidad para otros. La comparación entre las personas genera insatisfacción, lo cual conduce a diferentes niveles de envidia. Cuando llegan al nivel más alto de envidia, las personas son capaces de sacar comida de sus casas, dejando a sus hijos pasar hambre para lanzar un hechizo en contra de la diana de su envidia.

ENVIDIA, UN CAPÍTULO SEPARADO[36]

Lee estos famosos pasajes bíblicos:

CRUEL es la ira, e IMPETUOSO el furor; Mas ¿quién podrá sostenerse delante de la ENVIDIA? (Proverbios 27:4)

*Reunidos, pues, ellos, les dijo Pilato: ¿A quién queréis que os suelte: a Barrabás, o a Jesús, llamado el Cristo? Porque sabía que por **envidia** le habían entregado. Y estando él sentado en el tribunal, su mujer le mandó decir: No tengas nada que ver con ese justo; porque hoy he padecido mucho en sueños por causa de él".* (Mateo 27:17-19)

*Los patriarcas, movidos por **envidia**, vendieron a José para Egipto; pero Dios estaba con él, y le libró de todas sus tribulaciones, y le dio gracia y sabiduría delante de Faraón rey de*

---

36. Aunque no es un capítulo nuevo de este libro, decidí subrayar este tema de forma especial, razón por la cual incluí el subtítulo como está.

Egipto, el cual lo puso por gobernador sobre Egipto y sobre toda su casa. (Hechos 7:9-10)

Recientemente, di un discurso a más de tres mil mujeres en Sao Paulo, una ciudad donde viví por cuatro años. Tuvo lugar en un hermoso teatro, uno de esos que reciben los eventos más importantes de la ciudad, y el discurso fue realmente moderno.

Lo empecé con una pregunta: "¿Cuántas veces te han envidiado?". El noventa y nueve por ciento de la audiencia alzó su mano y sonrió.

Después hice otra pregunta: "¿Y cuántas han envidiado a alguien alguna vez?". Ante esta pregunta, nadie alzó su mano.

"Amigas, ¡algo no cuadra aquí!", continué. Muchas se rieron, y algunas se sonrojaron.

La envidia es algo tan malo, que todos entienden enseguida que ya han sufrido siendo su objetivo. Sin embargo, las personas no confiesan que ya han envidiado a alguien exactamente por la misma razón.

La envidia surge de dos maneras: puede surgir de forma natural en alguien, o puede ser provocada. Y cuando digo "provocada", me refiero a que eres tú el que promueves la envidia en alguien, ¡al mostrarle tu felicidad! Por lo tanto, evita mostrar lo que puede provocar este sentimiento destructivo en otras personas.

Es importante entender que el envidioso no quiere tener algo similar a lo que tú tienes, ni siquiera quiere lo que tú tienes (esto sería avaricia); él quiere que tú PIERDAS lo que tienes porque él no lo tiene.

La mujer envidiosa no quiere el esposo de otra mujer; quiere que ella pierda su familia, ya sea porque ella no pudo tener una, o porque considera que su propio esposo es una porquería y el otro es un buen esposo.

No hay una razón concreta por la que alguien te envidia, pero por lo general, la envidia está ligada a la felicidad que tienes.

He visto a millonarios envidiar a sus chóferes simplemente porque tenían a sus hijos en casa viviendo en armonía, y la fortuna de un jefe millonario no era suficiente para comprar el amor de su descendencia.

El gran escritor español José Luis Navajo escribió una vez: "No expongas tu felicidad por todas partes. No puedes andar repleto de joyas en un barrio de mendigos".

Hay tres secretos para lidiar con la envidia:

1. No seas un provocador de envidia.

2. Ora a Dios y ten conocimiento bíblico.

3. Cuando te envidien, defiéndete con el silencio.

"HATERS", CRÍTICOS Y SEMEJANTES

En este momento de la historia cuando estamos viviendo en la Revolución Digital, ha nacido una generación de *haters* (aborrecedores) virtuales. Yo mismo tengo muchos críticos y algunos *haters*. El Internet ha dado voz a "profesionales que dan opiniones sobre la vida de los demás sentados en su sofá". Al mirar la vida y las actitudes de los *haters* puedo ver que, por lo general, son personas inconscientemente frustradas y emocionalmente enfermas. La mayoría de ellos crean perfiles falsos para protegerse, como una armadura emocional, buscando atacar a las personas y no dejándose atrapar, porque cuando les atrapan quedan expuestos y aplastados.

Por lo tanto, un *hater* es tan solo un ser humano que desea ser quien tú eres y hacer lo que tú haces. Sin embargo, como está enfermo, crea un mundo en el que puede ser juez, juzgando y atacando a las personas que hacen algo relevante en sus campos.

Supuestos teólogos que nunca estudiaron en ninguna universidad, pero corrigen tu orientación teológica cuando, ante sus ojos, tu exposición bíblica no fue la adecuada. Las personas en su tercer matrimonio siempre critican su actual unión.

Los *haters* destilan su odio en las redes sociales mediante palabras de demérito, groserías, y agresión no provocada. Se necesita algo de tiempo para entender por qué se ha dicho algo tan fuera de contexto y qué hay detrás de todo tipo de agresión.

Pues bien, Flavio Augusto, uno de los emprendedores brasileños más grandes de nuestro tiempo y dueño del equipo de fútbol Orlando City, puso en sus redes sociales hace algún tiempo la foto de un perrito muy lindo e inofensivo con el siguiente texto: "este es Totó". En la foto de al lado, puso la imagen de un perro loco, babeando y listo para atacar, con el texto: "Este es Totó con el teléfono celular en la mano". ¡Es exactamente así!

La protección que las personas sienten por ser "anónimas" detrás de la pantalla de un teléfono celular reveló el carácter y la enfermedad emocional de muchos.

Si tú también eres víctima de este tipo de ataques, recuerda esto: el problema con estas personas está en ellos mismos y su pasado sin resolver; ¡el problema no eres tú! No te ofendas con sus actitudes. Ellos tan solo quieren acabar con la carga negativa que llevan a sus espaldas, y creen que hablar mal o criticar a alguien en público es una válvula de escape. Deja que estas personas vivan su propio drama, y no te lo lleves a casa. Créeme cuando digo: NUNCA vale la pena responder a un crítico o un *hater*.

Es importante destacar que, en este capítulo, estoy hablando sobre personas EVITABLES. Si tu crítico, por ejemplo, es tu papá, un familiar o un compañero de trabajo, es necesario usar otras herramientas presentadas en este libro para encontrar la mejor solución.

El *hater* o crítico evitable, es decir, aquel con el que no estás obligado a convivir, no se merece respuesta alguna, porque él o ella no está buscando una solución. ¡Lo que realmente quiere es tu atención! Recientemente, un grupo de *haters* se reunieron para atacarme a través de las redes sociales simultáneamente. Entiende que aquí fue un ataque claramente organizado. El discurso de odio (con respecto a Dios, como en los siglos pasados), maldiciones e incluso amenazas, eran parte de ese ataque.

En lugar de venirme abajo emocionalmente, comencé a estudiar lo que estaba sucediendo. ¡Fue increíble! Hallé varias cosas, entre ellas:

- Todos ellos intentaron "corregirme", pero ninguno lo hizo en privado, aunque este recurso está disponible. Bastaría con hacer clic a los mensajes, pero quedó claro que querían atacarme en público.

- No me atacaron en sus propias redes sociales, ni siquiera hablaron a su público, sino que entraron en los comentarios a mis publicaciones para ofenderme.

¡Mira cómo se está revelando todo!

Y hay más: uno de ellos dijo exactamente esto: "y este bastardo también es famoso".

Cuando leí el mensaje, me di cuenta de que los *haters* no ofenden con el propósito de mejorarte, ni siquiera para impedir que hagas lo que estás haciendo, sino que solo quieren obtener exposición.

Quieren hablar a tu público para ganarse de algún modo algo de fama arruinando tu imagen.

Por supuesto, el que dijo "también es famoso" ¡reveló que estaba ahí meramente motivado por la envidia! Si yo no tuviera prominencia alguna, estarían en el perfil de Instagram de otro maldiciendo igualmente "a otro famoso".

Al lidiar con los *haters*, recuerda lo siguiente:

+ Jesús tuvo más *haters* que tú;

+ El *hater* odia porque quiere tu atención y tu audiencia. Por lo tanto, NUNCA JAMÁS le respondas. Las personas que te siguen no conocen a estos resentidos, pero en caso de que respondas al *hater* por impulso, le estarás dando publicidad gratis.

Termino este capítulo sobre los evitables con otro consejo:

VALORA A LAS PERSONAS.

LA HISTORIA DE CHARLES PLUMB

Charles Plumb fue un piloto durante la Segunda Guerra Mundial. En la actualidad es un conferencista motivacional muy solicitado en los Estados Unidos. En sus conferencias, cuenta la historia sobre "¿quién doblaba sus paracaídas?" y tengo que compartirla contigo.

Sucedió así:

Tras muchas misiones, su avión fue derribado. Plumb saltó con su paracaídas, fue capturado, y pasó seis años en una prisión del norte de Vietnam. De regreso en los Estados Unidos, empezó a dar conferencias contando su experiencia y lo que había aprendido en la cárcel.

Un día, en un restaurante, le saludó un hombre que sonreía y dijo: "Hola, eres Charles Plumb, el piloto cuyo avión fue derribado en Vietnam, ¿verdad?".

"Sí. ¿Cómo lo sabes?", preguntó Plumb, sorprendido.

"Yo era el que doblaba tus paracaídas. Parece que funcionó, ¿verdad?".

Plumb se quedó sin aliento por la sorpresa, y muy agradecido respondió: "Funcionó perfectamente; de lo contrario, no estaría aquí hoy. ¡Te debo la vida!".

Estando ya a solas esa noche, Plumb no podía dormir, pensando: "¿cuántas veces vi a ese hombre en el hangar y nunca le dije 'buenos días'? Yo era un piloto arrogante y él un sencillo aprendiz de marinero". También pensó en las horas que el marinero pasó doblando humildemente cientos de paracaídas, teniendo en sus manos las vidas de personas a las que ni siquiera conocía.

Esta historia me hace asombrarme y preguntarme: "¿quién dobló hoy mis paracaídas?".

Valora a las personas, aunque no las conozcas o no estés cerca de ellas, porque algún día quizá sean responsables de salvarte la vida.

Te puedo asegurar que la persona que está delante de ti en la fila del banco, por ejemplo, a la que nunca antes has visto, puede que al minuto siguiente tenga tu vida en sus manos. Imagínate que tres ladrones entran en el banco y te escogen a ti como escudo humano cuando llega la policía.

Lo que nadie tenía ni la más remota idea era que esa persona que está delante de ti en la fila era un policía de paisano y, al verte en peligro, reaccionó y neutralizó a los ladrones. Tu vida ahora está a salvo.

Gracias a Dios que no te metiste en problemas con esa persona antes de que todo eso ocurriera.

En la vida, o bien se te conoce por los problemas que creas o por los que resuelves. Escoge ser parte de la solución.

PREGUNTAS Y RESPUESTAS

1. *Tiago, te sigo desde hace tres meses. Durante este tiempo, he aprendido mucho sobre la vida emocional y los principios espirituales. Sin embargo, debo confesar que me es difícil controlarme cuando alguien*

a quien pagan por atender a los clientes en una tienda, por ejemplo, me trata mal. ¿Es normal, o soy yo el que está emocionalmente enfermo?

Apreciado Rubia T, es normal sentir enojo. El problema es cuando no tenemos control sobre él. Cualquier emoción que nos domine trae consigo consecuencias que no podemos predecir. Aunque es error del dependiente, ya que se supone que debe tratarte bien, tienes que entrenarte para reaccionar de forma racional, usando tus valores como punto de inicio hacia tus actitudes. Antes de salir de tu casa, pídele al Espíritu Santo que te guíe, pídele sabiduría para hablar, y entrena tus emociones para dominar cualquier impulso que puedas tener. Y recuerda esto: quien domina tus emociones, ¡te domina a ti!

CONCLUSIÓN

En el mundo ideal, no habría personas evitables porque todos estarían emocionalmente curados y tratados. En el mundo real, sin embargo, cada vez son más las personas que no dominan sus emociones y van por ahí desahogando sus frustraciones con otras personas.

Por lo tanto, entiende de una vez por todas que NUNCA valdrá la pena dar patadas a las piedras que podemos rodear.

¿Continuamos?

> **"Tu paz tiene mucho valor como para que la negocies con personas baratas".**

Capítulo 4

LA TEORÍA DEL 2 EN 1

El matrimonio convierte a dos personas en una,
pero es difícil saber qué persona serán.
William Shakespeare

[...] Así que no son ya más dos, sino una sola carne.

(Mateo 19:6)

Vivir una hermosa historia de amor es el sueño de muchas personas: todos quieren encontrar el amor. Soñamos con amar y ser amados, vivir una vida de complicidad, fidelidad, gozo y descubrimientos positivos. Tener un final feliz al estilo de "y vivieron felices para siempre" es el modelo que aprendemos de las películas de Hollywood y los dibujos de Disney. *Sin embargo, incluso los guiones de los finales felices se construyen.*

Los directores estudian el guion escrito por un profesional, escogen a un equipo multidisciplinario (cámaras, técnicos de sonido, diseñadores de vestuario, maquilladores, el elenco, coreógrafos, etc.), desarrollan un plan de acción, y después siguen guiando a los actores correctamente a través de las escenas. El aire acondicionado tiene que estar a la temperatura ideal y la iluminación debe ser adecuada, impecable.

Tras capturar las imágenes, aún queda un complejo trabajo de post producción. Se escoge cuidadosamente el diseño del sonido para dar ese toque especial, y casi siempre, la melodía es increíble y romántica, produciendo la emoción necesaria para *la gran final*. Solo así se alcanza el mejor resultado: el "final feliz".

Ahora, piénsalo bien: si hasta las escenas de las películas se construyen cuidadosamente para que tengan un resultado exitoso, ¿por qué pensamos que sería posible tener un final feliz en nuestra vida como pareja sin tal preparación?

Para que un matrimonio sea totalmente pleno y produzca felicidad a ambos cónyuges se deben construir escenas perfectas con esfuerzo, escoger los entornos, las frases, los guiones, e incluso la ropa.

Para comenzar y trabajar mejor con herramientas e ideas prácticas que harán que la Teoría del 2 EN 1 no sea solo una teoría, sino también una realidad en tu vida, tendrás que entender primero que la base apropiada para vivir un matrimonio de éxito es saber que es un proceso de construcción continuo, no un encuentro sobrenatural de almas gemelas que se aman la una a la otra de forma natural, que encajan perfectamente la una con la otra, y que nunca difieren en nada.

Se trata de construcción, y no de magia.

> **EL MATRIMONIO ES UNA PROMESA DIFÍCIL QUE HACEN DOS PERSONAS DE VIVIR COMO SI FUERAN UNA.**

¿Conoces a alguna pareja que esté pasando por un divorcio y que se casó por odio? "Odio a este chico, ¡así que me voy a casar con él!". Esto sencillamente no existe. Todos se casan por amor.

Entonces, si "*fuerte es como la muerte el amor*",[37] ¿por qué mueren tantos matrimonios? ¿Y qué decir de las palabras del apóstol Pablo: el amor "*todo lo sufre, todo lo cree, todo lo espera, todo lo soporta*"?[38]

Todas las relaciones que he visto terminar a mitad de camino (digo esto porque creo que el matrimonio fue concebido para perdurar hasta que uno de los dos cónyuges muere; por lo tanto, cualquier ruptura previa a esto es "a mitad de camino"), en algún momento se derrumbaron cuando no cumplieron los principios vitales de la teoría del 2 en 1.

A continuación, veremos cada uno de ellos. Sin embargo, es importante una advertencia inicial.

La profundidad de cada principio en sí mismo proporcionaría material para muchos libros. La idea de este capítulo no es agotarlos todos, sino dar un repaso general y enumerar ideas básicas para que seas capaz de:

a.   Diagnosticar en qué principio están exactamente las necesidades de mejora de tu relación de amor

b.   Subsecuentemente, intentar desarrollar los puntos que necesitan mejoría, dedicándote a estudiar libros sobre cada tema.

EL PODER DE LA ELECCIÓN

Desde que era pequeño, mi mamá me enviaba al supermercado a hacer la compra para la semana. Me daba una larga lista con muchas recomendaciones, tales como "abre la caja de huevos antes de

---

37. Cantar de los Cantares 8:6.
38. 1 Corintios 13:7.

comprarla y revísalos uno a uno para asegurarte de que todos estén intactos" y "mira bien los dientes de ajo para asegurarte de que ninguno esté podrido".

La atención especial al escoger los ingredientes siempre ha sido la etapa más importante para poner una buena comida en la mesa. Muchas personas "viven con dolor de estómago" al ser descuidados con la comida que van a ingerir. Algo podrido, escondido en una hermosa fruta, ¡puede causar una grave infección! Ahora, piénsalo: ¿cómo es posible tener un buen criterio para escoger la comida y no elegir a una persona con la que vamos a pasar toda nuestra vida?

Es interesante que la mayoría de las personas no son así de cuidadosas cuando se trata de escoger una pareja para la vida. Es importante recordar que estar enamorado no es, en sí mismo, una base sólida para construir un matrimonio exitoso. Cuando la pasión se desvanece (y hay estudios científicos que demuestran que el estado de la pasión es temporal), ¿qué queda? Por lo tanto, es necesario cultivar y nutrir la relación.

Si eres consciente de esto, serás capaz de discernir cuáles son tus virtudes y también las características que te molestan. De lo contrario, la coexistencia será insoportable. Como pastor, también tengo que asegurarme de que sí, puede que Dios dé señales que muestren si estás escogiendo a la persona correcta.

Recuerdo que justo después de dar mi primer beso a Jeanine, me fui a casa conversando con Dios de lo siguiente: "Señor, es ella. Quiero casarme con ella... Siento que es ella... y, si ella también te agrada a ti, dame una señal: que se mude más cerca de mi casa".

Dos semanas después, mi suegra me llamó preguntándome si el sábado podía llevarla a recorrer el vecindario porque estaban pensando mudarse más cerca.

Las señales divinas son verdaderas, ¡y nunca pasan de moda!

Las personas a veces tardan demasiado tiempo en darse cuenta de que prevenir es mejor que curar... Por lo tanto, la mejor manera de evitar un matrimonio problemático es escoger bien y pedir señales del cielo sobre tu elección.

Por desgracia, muchas veces solo nos damos cuenta de que no supimos escoger bien hasta después de estar casados. ¿Hay alguna solución para estos casos? Sí, si los cónyuges están realmente comprometidos a obedecer todos los fundamentos, como sigue.

Pondré en tus manos ahora el mapa del tesoro. Concéntrate en él.

MENTALIDAD COHERENTE Y PRIORIDAD

En el mundo real, saber priorizar y respetar la relación que decides asumir es uno de los fundamentos más importantes a la hora de edificar diariamente el soñado final feliz.

Imagínate a una persona obesa que decide perder peso por su bienestar y salud. En caso de que decida quedarse así hasta el final de su vida, será necesario que transforme su mente en cuanto a la comida y el ejercicio físico. Mientras mantenga sus hábitos de "persona obesa", quizá tenga resultados a corto plazo, pero indudablemente recuperará el peso con el paso del tiempo. Así que se debe producir un cambio desde dentro hacia afuera. Después, se debería pasar a la acción como consecuencia de la decisión relacionada con el cambio de estilo de vida.

Dicho lo siguiente, el mismo razonamiento es aplicable al matrimonio. Si me he casado, no es apropiado que mantenga la mentalidad, y mucho menos los hábitos, de una persona soltera. Mi estilo de vida cambiará, y eso debería ser una consecuencia de la decisión que tomé. Si decidí dedicarme a mi cónyuge, todas las opciones previas que me desviaban de este propósito deberían ser borradas por completo. ¿Entiendes?

También es necesario un razonamiento preventivo. Esto significa abortar cualquier alternativa durante el camino que apunte a futuras posibilidades que no sean la unión matrimonial. Actuar contra ello sería una especie de autosabotaje: comienzas a jugar en el equipo contrario cada vez que permites que el balón ruede suelto sin marcar dentro de tu "área grande".

Si no quieres perder el partido, por encima de todo deberías evitar de todas las maneras esas situaciones que favorecen que el equipo contrario meta un gol.

Por tanto dejará el hombre a su padre y a su madre.[39]

Si, según la sabiduría antigua, incluso el padre y la madre (aquellos a quienes por mandato bíblico debemos honrar) dejan de ser una prioridad comparado con el compromiso con tu pareja, ¡imagínate las demás relaciones!

Por lo tanto, es fundamental preservar una mentalidad consistente con tu decisión y elegir como una prioridad en tu vida todo lo que tenga que ver con preservar tu relación.

Cuando alguien decide adoptar un estilo de vida de dos, debería vivir para el otro y no solo para sí mismo. Creo que esto es lo que no estaba claro para las personas que decidieron *jugarse* su futuro juntos. Las cartas sobre la mesa, pero sin entender que el juego es una colaboración, y no es individual. En una relación de pareja solo tendrás muchas posibilidades de ganar si terminas el partido de tu compañero. No sirve de nada hacerlo todo tú solo o menospreciar el esfuerzo del que gana o pierde todo contigo. Aún observo que el egoísmo y el individualismo son cosas comunes entre parejas que acuden a mí para intentar resolver sus problemas.

Esto no significa anular tu individualidad y dar por sentada tu voluntad. Sin embargo, es importante estar preparado para entender

---

39. Génesis 2:24.

que la conciliación siempre será necesaria, una vez que decides no seguir solo en el viaje de la vida.

De vez en cuando, la presión aumenta en las relaciones de pareja, y se te pueden pasar muchos "sinsentidos" por la cabeza. Pero, si has escogido los amigos íntimos correctos, un buen café y una buena charla quizá liberen el estrés y pongan tus pensamientos en orden.

ENFOQUE

Muchos atletas quieren correr como el jamaicano Usain Bolt. Él es uno de los atletas más rápidos del mundo, y sus técnicas las han estudiado muchas personas apasionadas de las carreras de corta distancia.

Cuando Bolt está en la pista, otros atletas también lo están. Periodistas y fotógrafos están presentes para registrar y entrevistar (¡verdaderos inevitables!). Hay personas por todas partes, gente gritando en las gradas y, como habrás visto, casos de malas personas que arrojan botellas de agua en medio de la pista para intentar molestar a los atletas.

Suceden muchas cosas alrededor para hacer que los corredores pierdan su enfoque mientras corren. Pero algo que NUNCA hemos visto hacer a Usain Bolt en medio de todo eso es mirar hacia otro lado. Bolt ha desarrollado una técnica muy interesante. Se dirige a los seguidores y comienza una especie de coreografía en vivo junto a la audiencia. De ese modo, mantiene a la multitud en una actividad al unísono, estrecha la relación, formando un vínculo con ella y recibiendo un "ritmo favorable" para poder correr. Como mencioné antes, ¡él crea la escena para brillar!

NO PUEDE SER 2 EN 1 SI, EN LA CARRERA DE LA VIDA, SIGUES MIRANDO HACIA OTRO LADO Y ESTÁS DISTRAIDO.

Y recuerda que el 2 en 1 va mucho más allá de una carrera de 100 metros. ¡Es un verdadero maratón! No distraerse durante el maratón del matrimonio es un factor de protección, desarrollo personal y longevidad.

Y esto no es otra cosa que saber cómo mantener el ENFOQUE. Si decides casarte, tu enfoque a partir de ahora tiene que estar en una vida de dos. Y más que eso: tener enfoque no es suficiente solo por un día, un mes, un año... tu enfoque tiene que ser constante, cada día. De lo contrario, tu relación está destinada al fracaso.

La belleza está en lo que inviertes. ¡Piensa en ello!

RECIPROCIDAD

Reciprocidad no es nada menos que lo esencial. Cuando solo uno de los dos está comprometido, el camino de esta relación es de mucho sufrimiento.

Cuando solo uno ama, cuando solo uno respeta las reglas del juego, es casi imposible mantener el pacto.

Recuerdo que, cuando era niño, algunos domingos íbamos con mi abuela materna a comer. A la abuela Naná, como solíamos llamar a mi abuela Joana, le encantaba cocinar para nosotros.

Aunque vivían en los suburbios de Río de Janeiro, mis abuelos Valdemar y Joana seguían una vida rural. Tenían su propio huerto lleno de árboles frutales como árboles de guayaba, árboles de mangos, y árboles de pitangueiras. También había un gallinero que ayudaba a componer el escenario. Los muebles y electrodomésticos de la casa siempre eran los mismos, desde que yo era niño hasta que mis abuelos murieron. Incluso el refrigerador, incluso la estufa, incluso el televisor. ¡Imagino que todo esto hacía que ese lugar fuera incluso más bucólico!

Mi abuelo decía que teníamos que ser amigos de hombres que arreglaran cosas, porque siempre necesitaríamos sus servicios. Tenía una "cuenta", en la que "colgaba" compras de la carnicería, pero pagaba en efectivo los electrodomésticos del técnico.

En esos tiempos, uno no tiraba lo que se podía usar toda la vida. **Sin embargo, solo funcionaba porque había una *calle* de dos sentidos.** En un lado estaba quien quería arreglar, y en el otro la persona que sabía cómo resolver los problemas. ¿Lo ves?

Observemos: dos personas involucradas en el 2 en 1 tienen que QUERER arreglar las cosas. Nuestra generación decidió cambiar lo que no funciona bien en lugar de arreglarlo. Por supuesto, en nuestro mundo de hoy hay opciones de intercambio en grandes cantidades; por supuesto, no son los mismos juicios que solían enfrentar las generaciones previas; por supuesto, parece que las cosas no se "hacen para durar" como antes. Todo esto ha reforzado la idea de que un cambio sustituye muy bien a la reparación.

Lo que debemos hacer es cuestionar si la felicidad se encuentra en conseguir algo nuevo, o en la búsqueda de terminar con éxito algo que hemos comenzado.

Y ¿están ambos comprometidos a hacer alguna reparación para que una relación de dos funcione?

Permíteme preguntarte algo: el éxito de un atleta, ¿se encuentra en terminar una carrera que comenzó, o en abandonar en medio de la misma y empezar otra carrera?

EL MAYOR SECRETO: EL NIVEL DE RENDICIÓN

¿Por qué SUCEDE que una aventura extramatrimonial sigue siendo algo secreto, peligroso y mal visto por todos? Porque los amantes actúan como si fueran uno, ¡y están *decididos a hacer que funcione!* Ambos están completamente unidos en un único deseo, una sola motivación, y han llegado al nivel 10 de rendición. He visto eso recurrentemente durante los años ayudando a personas involucradas en relaciones extramatrimoniales. Es una lástima que ciertas personas terminan usando su nivel más alto de rendición en lo que les causa daño a largo plazo, en lugar de usarlo para fortalecer un compromiso ya aceptado.

El mundo real es un buen parámetro de medida y diana en este caso: todo lo que ha funcionado, ya sea en el mundo empresarial, deportivo, financiero o familiar, ha tenido el nivel más alto de rendición por parte de las personas involucradas. Estoy convencido de que no existe la suerte. Lo que existe es la dedicación, la rendición personal para hacer que funcione.

Detente y medita en tu vida ahora. Sé sincero contigo mismo: sin duda, de 0 a 10, ¿cuál es tu nivel de rendición a tu relación de 2 en 1? ¿Y cuál es el nivel de tu cónyuge?

Créeme, esto determina si van a ganar o a perder en su vida de dos. La buena noticia es que es una decisión consciente; es decir, si ambos lo quieren, es posible incrementar el nivel de rendición conscientemente. Y la clave para hacerlo juntos es el diálogo.

¿Cómo? Sobre la base de los alineamientos esenciales, que son el siguiente fundamento.

ALINEAMIENTOS ESENCIALES

¿Cómo ser feliz viviendo en dos, cuando se está casado, si se te olvidó considerar que:

+ sus trasfondos eran distintos?

+ quizá uno de los dos se moría de hambre en la infancia mientras que el otro tuvo una vida bien acomodada?

+ uno estudió en las mejores escuelas, pero el otro ni siquiera terminó la primaria?

+ uno fue criado con su papá y su mamá, y el otro fue abandonado?

+ uno tenía fe para mover montañas y el otro no cree en nada?

Debemos entender que distintos niveles de vida generan visiones opuestas acerca del futuro. Cada ser humano tiene la necesidad de ser atendido en un área concreta cuando se trata de las relaciones.

EN LA VIDA TODO ES ARRIESGADO, PERO NO ALINEAR LA RELACIÓN DE DOS ES ARRIESGAR DEMASIADO.

En la construcción de una vida de 2 en 1 tenemos que entender qué y cuáles son requisitos *generales y específicos*.

Lo general es lo que todos esperan, una concordancia colectiva, un paradigma social. La fidelidad, por ejemplo, es un requisito general. Lo específico es el conjunto de cosas que son importantes para cada cónyuge, y varían según el trasfondo, las frustraciones pasadas, las expectativas futuras, etc.

Por ejemplo, veamos la idea de la fidelidad. Al margen de cuánto se entiendan tus conceptos en general, hay también significados específicos con respecto a ti que pueden variar de una persona a otra. Al descubrir que su esposo pasó toda la noche en una cena conversando y contándole secretos a otra mujer, esa esposa podría sentirse traicionada. Por consiguiente, es vital entender el concepto más allá de su significado general: tienes que entender qué considera tu cónyuge como reglas específicas de ese concepto general. Veamos otros ejemplos:

REGLAS GENERALES Y REGLAS ESPECÍFICAS

ÁMBITO GENERAL	ÁMBITO ESPECÍFICO
Fidelidad	Puede significar más que simplemente no tener relaciones físicas reales con otras personas. Por ejemplo: no coquetear en las redes sociales; tener nociones de la distancia saludable con personas del sexo opuesto; actuar siempre como si tu cónyuge estuviera presente, etc.

ÁMBITO GENERAL	ÁMBITO ESPECÍFICO
Complicidad	Puede significar más que simplemente apoyar sueños y proyectos. Por ejemplo: no hacer nada en privado; no exponer y nunca hablar mal del otro a otras personas, etc.
Respeto	Puede significar más que simplemente consideración. Por ejemplo: nunca dejar al otro sintiendo que está hablando consigo mismo; no pronunciar malas palabras ni ofensas; dejar a los "padres" y adoptar el papel de cónyuge casado, etc.
Integridad	Puede significar más que honestidad. Por ejemplo: pagar siempre todas las facturas a tiempo; honrar todos los compromisos adquiridos, etc.
Afecto	Puede significar más que demostración física y verbal de cariño. Por ejemplo: lavar los platos, sacar la basura, dejar una nota, dar un masaje en los pies, escuchar, salir con él/ella.

UNA PAREJA DEBERÍA HABLAR SOBRE SUS VALORES BÁSICOS Y DIALOGAR SOBRE CÓMO VEN LAS REGLAS GENERALES Y LAS REGLAS ESPECÍFICAS.

Después de todo, lo que hace que una persona se sienta amada y respetada no es necesariamente lo mismo que hace que la otra persona en la relación se sienta así. ¡Las personas son diferentes!

Por lo tanto, la pareja debería negociar un método para respetar la personalidad y el punto de vista de cada uno, y llegar a un acuerdo sobre cuáles son las reglas (generales y específicas) de su matrimonio. Esto evitará muchas discusiones extenuantes y les acercará aún más.

Y los dos serán una sola carne; así que no son ya más dos, sino uno.[40]

Pues bien, convertir dos historias en una (como proclama la enseñanza bíblica) no es una tarea fácil ni rápida. Sin embargo, según la antigua sabiduría bíblica, es posible. La gran pregunta es: ¿cómo?

La única forma natural que conozco para que dos se conviertan en uno es el nacimiento de un hijo. El ADN paterno y materno y los genes están ahí. Los ojos de la mamá, el cabello del papá, la manera de uno, el temperamento del otro. Pero, si pensamos en la vida diaria de la pareja, ¿cómo dos se convierten en uno?

LAS PERSONAS SON ASÍ

En la película *El niño que domó el viento*, vi una escena que me hizo reír y llorar al mismo tiempo. William, el personaje principal, arreglaba con muy pocos recursos radios rotas y aparatos de casete. Un día, estaba de pie sobre su tejado arreglando una gotera cuando un vecino, que era cliente suyo, llegó exigiendo que le devolviera su aparato arreglado:

"Oye, ¿dónde está mi radio? ¿Ya está arreglada esta vez?".

"Lo siento, señor, necesito un día más para terminar el trabajo", dijo el muchacho.

El hombre se va quejándose:

"No es justo. Por tu culpa voy a tener que pasar una noche más sin mi radio y hablando con mi esposa".

---

40. Marcos 10:8.

Las personas son así: se casan por pasión y dejan de invertir en la relación; después de eso, el simple hecho de hablar, ¡se convierte en una carga!

Para convertirse en uno, una pareja tiene que dedicar el uno al otro lo más precioso que tiene: tiempo (hablo más de este precioso bien en mi libro *El mayor poder del mundo*). Y el tiempo debería ser de calidad, tiempo que realmente se dedica por causa del otro. ¡La mejor manera de invertir tiempo de calidad es hablando! Hablar y ser escuchado; ser consciente y estar dispuesto a escuchar al otro.

El desgaste de una semana de trabajo, las heridas del pasado, la falta de tiempo en el presente, las expectativas del futuro; todo pesa, y mucho, por lo que respecta a una buena charla. Sin este vínculo tan necesario, las personas de la calle empiezan a parecernos más interesantes que las que tenemos en casa. Nuestra mente se vuelve adicta a los placeres externos y nos olvidamos fácilmente de aquello que tanto luchamos por tener.

CONVERSAR PUEDE SER UNA TAREA DIFÍCIL Y CANSADA ENTRE DOS PERSONAS.

El matrimonio es una de las relaciones más importantes de tu vida (por no decir la más importante), y tiene una relación directa con la felicidad a corto, medio y largo plazo. Entonces, ¿cuánto merece esta relación tu energía e inversión? ¡Mucho! Mantener vivo el amor exige intención y dedicación.

Por lo tanto, supera tus barreras, tu orgullo y tu pereza, y lucha por tu matrimonio. Sé paciente, ten discernimiento, y comienza un diálogo saludable.

LO BÁSICO EN EL ALINEAMIENTO

De los varios aspectos que necesitan un alineamiento, hay algunos muy básicos que no se te pueden escapar. Estos son:

EXPECTATIVAS

Las frustraciones son inevitables cuando falta un buen alineamiento de las expectativas. ¿Qué esperas de la vida en común? ¿Dónde esperas llegar? ¿Qué es vital para que tu relación se considere "exitosa"? ¿Qué te hace feliz? Uno de los principales errores de las personas casadas es que viven expectativas distintas sobre la relación y su futuro.

IDEOLOGÍAS

En nuestro mundo de hoy, estamos divididos por las ideologías. Derecha o izquierda. LGBTQ+ o familia tradicional; a favor de llevar armas o en contra de la violencia; calvinismo, arminianismo, o cualquier otra teología. Política, religión, y otros factores culturales han separado a las personas. A veces, los más cercanos incluidos. En la vida de 2 en 1, alinear ideologías es realmente muy importante.

Tuve el privilegio de casarme pronto con Jeanine, como ya he mencionado. Así que, básicamente, formamos juntos nuestro modo de pensar. Con eso, pensamos de forma parecida en muchas cosas en esta vida. Hay cosas que literalmente no nos importan, a las que no estamos atados, y pensamos tan parecido en cuestión de ideologías que algunas de ellas incluso nos hacen reír.

En cuanto a la teología, no estoy diciendo que exista una buena y otra mala, sino que, si es posible, la pareja debería estar en la misma página o en ningún otro lugar. Así, estarán unidos.

AGENDA

La agenda del 2 en 1 debe ser única. No me refiero a la agenda del día a día, ni a los objetivos profesionales, sino a una agenda de vida, metas y objetivos. ¿Qué hacer en los próximos cinco años? El esposo responde: "Dentro de cinco años, quiero vivir en Inglaterra y terminar mi maestría". La esposa argumenta: "¡Ve con Dios!". ¿Crees que esta pareja tiene probabilidades de que les vaya bien? ¡Muy pocas!

Jeanine tiene sus propias citas durante el día. Ella tiene su programa mensual de reuniones en la escuela de los niños, visitas de trabajo y sus días de cuidado personal, como ir al salón de belleza, spa, etc. Mi programa de trabajo y mis citas mensuales son totalmente distintas a las suyas, pero nuestra agenda de vida está alineada. Planeamos el futuro juntos, soñamos juntos nuestros próximos años.

ESTILO DE VIDA

Esposa en forma, marido glotón. Una es aventurera, el otro es casero. El popular dicho quizá sostenga que "los polos opuestos se atraen", pero un estilo de vida completamente distinto puede causar más perturbación que atracción. ¿Te imaginas que tu esposa fuera "fiestera" y tú fueras un hombre de estilo "familiar"?

Me encanta viajar para conocer nuevos lugares y culturas. Cuando tengo algo de tiempo en mi agenda, encuentro la manera de visitar una nueva ciudad y aprender algo distinto. Cuando Jeanine y yo viajamos juntos, el ritmo es idéntico. Desarrollamos el mismo estilo, gustos parecidos. Por supuesto que discrepamos en algunas cosas.

Creo que los años que hemos vivido juntos nos han hecho querer las mismas cosas.

Queremos acostarnos tarde, despertarnos y tener un buen desayuno, ya sea en el hotel o en la mejor cafetería de la ciudad, caminar por uno o dos lugares en la mañana, e ir a un restaurante preseleccionado en el Internet o recomendado por amigos. En la tarde descansar un poco, y a eso de las 5:00 tomar otro buen café. Aflojamos el ritmo cuando estamos en un viaje de vacaciones.

Pero, cuando estamos en casa, cuando ya el día es siempre ocupado y ajetreado, para mí lo más importante es comer juntos, sentarnos a la mesa y conversar sobre la vida.

Un estilo de vida alineado evita piedras en el camino. A fin de cuentas, *no nos tropezamos con las montañas, sino con las piedras pequeñas.*

ENEMIGOS EN LOS MATRIMONIOS

Como sucede en las películas de Hollywood y los dibujos de Disney que mencioné al comienzo de este capítulo, siempre hay un enemigo al acecho. Al igual que en las películas, en el matrimonio no es fácil identificarlos si no prestamos mucha atención: un matrimonio tiene enemigos. Los archienemigos del 2 en 1 son factores responsables en gran medida del fracaso en el matrimonio. Si tienes enfoque y no quieres dejar cabos sueltos, ten mucho cuidado con los siguientes aspectos:

SECRETOS

LA CONTRASEÑA DEL BANCO, ESTÁ BIEN; LA CONTRASEÑA DEL TELÉFONO CELULAR, ¡DE NINGÚN MODO!

En un pacto de 2 en 1, no puedes tener secretos. Sé que es un asunto delicado, pero en el mundo real, los secretos matan acuerdos y promesas. Un cónyuge se puede sentir traicionado al descubrir los secretos del otro, y esto matará la relación. La confianza es un elemento clave para el éxito del matrimonio; y, una vez rota, es lo más difícil de restaurar.

Cuando Jeanine y yo comenzamos nuestra vida juntos a temprana edad, no teníamos muchos dilemas. Cuando comenzamos a salir, ella tenía 15 años y yo 22. Nos casamos dos años y medio después. No sabíamos nada de la vida y lo aprendimos todo juntos.

Yo aprendí con mi padre, que era soldado y pastor, a honrar los pactos que hice, principalmente el más importante de ellos (nuestro matrimonio), así que decidí vivir sin tener nada que ocultar. Créeme, en el mundo ideal es bonito ser transparente. En el mundo real, es difícil y embarazoso. Sacar a la luz lo que estaba en la oscuridad es doloroso; sin embargo, esta es la única manera de mantener el pacto.

Los seres humanos no somos perfectos. Alguien se equivocará en algún momento. Por eso Jesús nos perdonó primero, para que lo tengamos a Él como ejemplo y aprendamos a perdonar nosotros también. Creo que el mayor "pecado" no es equivocarse, sino esconderlo; por lo tanto, evita los secretos. De hecho, puedo escribir otro libro solamente sobre este tema.

COMPARACIÓN

La comparación es una estrategia estupenda para convertirse en una persona triste e infeliz. Si quieres deprimirte, tan solo compara tu automóvil con el de tu vecino, tu casa con otra en el mismo distrito, tu trabajo con el de alguien de tu familia, o tu cuerpo con el de alguien a quien sigues en las redes sociales.

Es inevitable hacer una comparación u otra. El problema está en pasar tu vida midiéndote según las vidas de otros. Esto destruirá tu pacto 2 en 1. El matrimonio no se puede medir sobre la base de la realidad de otra pareja. NUNCA.

Cada uno tiene su propia historia, y la mayoría de los problemas nunca se exponen públicamente. Lo que vemos en esas parejas perfectas en Instagram es solo lo que ellos deciden publicar, y no su verdad diaria. Aunque pongan "sus dolores", serán vidas parciales. Las redes sociales no son la vida real. Algunos quizá publican una frase muy interesante, incluyendo: "las redes sociales son para poner el lado bueno de la vida, en verdad. Para llorar, ya está el Muro de los Lamentos".

Sin entender que, muchas veces, el modo de pensar del hombre y de la mujer es distinto.

En una ocasión, recibimos a una pareja muy especial en nuestro hogar. Estábamos a punto de cerrar un gran negocio con su empresa y preparamos una cena para fortalecer nuestra amistad.

Tuvimos dos horas de risas y una gran charla. Tras el café de despedida, cerré la puerta, miré a Jeanine, y le dije: "Este tipo es demasiado rico. ¿Has escuchado tú también que tiene un avión privado? Recibió un premio mundial de no sé qué…".

Jeanine sonrió como si no hubiera escuchado lo que dije, y añadió: "Yo le recomendé nuestro dermatólogo a su esposa. Tenía la piel muy rara".

Conclusión: la misma escena, y percepciones completamente distintas.

Por lo general, el hombre presta atención al estatus. Es muy probable que oigas las siguientes frases en boca de un hombre:

+ ¿Has visto el automóvil que tiene fulanito?

+ ¡Es director de una multinacional!

+ Tiene una cuenta en ese banco de inversión.

+ Yo no me lo creo, pero es amigo de un tipo.

+ Vaya, va a trabajar en helicóptero los viernes.

Es raro que un hombre diga lo siguiente de otro cuando lo conoce: "Este tipo es un poco calvo o poca cosa".

La mujer por lo general presta atención a lo estético. Las conversaciones de las mujeres normalmente incluyen frases de este tipo (gracias por las ideas, Jeanine):

+ Chica, ¿has visto qué piel?

+ Un bolso de Chanel, ¡vaya!

- ¿Cómo consigue estar tan delgada?
- ¿Y qué decir de su cabello?

No quiero generalizar. Es obvio que hay hombres y mujeres distintos, y la regla general no siempre es aplicable. Lo que importa destacar aquí es la percepción de esa idea bellamente labrada en la obra clásica *Los hombres son de Marte, las mujeres son de Venus.*[41]

Frecuentemente oigo a parejas en crisis, y la mujer por lo general presenta la expectativa de que el hombre imagine los pensamientos y deseos de ella.

Pero el hombre se queja de que él lo hace todo, mientras la mujer se queda con una cara larga, diciendo que "no hay nada mal" cuando, obviamente, no es cierto.

Cuando entendemos el mundo opuesto al que nosotros vivimos naturalmente como hombres y mujeres, ya estamos comenzando a dar algunos pasos hacia la victoria, porque entendemos que el otro no siempre tiene la percepción de que él o ella está dejando mucho que desear (y que lo recíproco puede ser cierto). La madurez es un factor importante para los que viven la teoría del 2 en 1.

TODOS TIENEN DEFECTOS. NO ESPERES QUE TU PAREJA DE VIDA SEA PERFECTA.

FALTA DE DISCIPLINA

Hay mucha comida sabrosa en esta vida, pero la mayoría de las cosas que nos aportan placer nos engordan y afectan negativamente nuestra salud. A mí me encanta la pizza y la hamburguesa con queso, y

---

41. GRAY, John. Los hombres son de Marte, las mujeres son de Venus. Rayo (20 Abril 1995).

un helado es un postre que nunca hace daño. Sin embargo, si cediera a todo eso, la talla de mi ropa aumentaría y mi azúcar en sangre subiría.

Hemos visto que enfocarse en una cosa es ser capaz de decir no a todas las demás. La disciplina es mantener el enfoque diariamente en una vida de dos. La vida es como una bifurcación en la carretera: tienes que decidir si irás por la izquierda o por la derecha. No puedes ir por las dos a la vez, y solo llegarás a tu destino final si continúas todo el camino. La disciplina es la herramienta que garantiza que llegarás donde quieres ir.

EL QUE VIVE SIN DISCIPLINA MUERE SIN DIGNIDAD.

PROBLEMAS EN LA VIDA SEXUAL

Alrededor del 60 por ciento de los hombres que acuden a contarme algo sobre su insatisfacción en el matrimonio reportan problemas en la intimidad sexual.

Los hombres quieren sexo, pero no son pacientes, y a veces les falta habilidad en este asunto. Por lo general, las mujeres no quieren sexo tanto como los hombres, sino que requieren compromiso emocional en lugar de físico.

La intimidad sexual es una hoguera que mantiene caliente la relación. Una vida sexual problemática o insatisfactoria tarde o temprano arruinará el matrimonio. Es importante entender que la satisfacción sexual mutua no es algo automático, y que ambos deberían enfrentar este asunto como una prioridad. Por muy embarazoso que pueda parecer al principio, la pareja tendrá que hablar abiertamente sobre ello si quieren vivir bien.

A muchas parejas les va mal en su vida sexual porque no se disciplinan a la hora de alimentarse y de ejercitarse, y la falta de flexibilidad, el estado físico y la disposición hacen que todo sea más difícil. Están también las que dejan que la rutina, la falta de tiempo, y el cuidado de los hijos se interpongan en su prioridad de mantener caliente su vida de dos.

Otros, sin tener una disciplina moral, son adictos a placeres virtuales. Para ellos, el sexo real es aburrido y soso. Algunos hombres, por un exceso de pornografía, literalmente prefieren masturbarse en el baño antes que ir con su esposa que está dispuesta en la habitación. ¡Qué triste realidad!

Sea cual sea tu realidad, sé consciente de que el sexo es una experiencia de conexión compleja, una unión de cuerpo, alma y espíritu que representa la cumbre de la intimidad. Vivir este intercambio en su plenitud une y fortalece a la pareja. Habla de esto, y busca consejería sobre el tema en caso de que la necesites. Ve a visitar a un doctor si hay alguna evidencia de que algo anda mal. ¡Vale la pena!

DINERO

Se necesita planificación para organizar las finanzas de la pareja. Desde el momento en que se convierten en 2 en 1, ya no es "tu dinero" o "mi dinero". Ahora es "nuestro dinero".

Para este fin, tendremos que discutir abiertamente aspectos que, para algunos, pueden ser delicados: cuánto gana cada uno, cuántos serán los costos y cuáles serán las prioridades a partir de ahora. Es posible definir quién estará a cargo de las finanzas, quién será el responsable de pagar las facturas, y cómo se tomarán las decisiones financieras.

Por ejemplo, aquí en la casa, yo estoy a cargo del 90 por ciento de los ingresos. Jeanine también contribuye con un sueldo de su tienda en el Internet. Sin embargo, ella es la que maneja nuestras finanzas. Ella se ocupa de las facturas, así como de las transferencias bancarias. Y decidimos juntos cómo invertiremos para el futuro.

Realmente es importante quién hace qué financieramente como pareja.

En caso de que necesites ayuda, no dudes en buscar formación en la materia para llevar un control saludable de las cifras de la pareja. Una crisis financiera seria podría minar incluso a los matrimonios más fuertes.

NO TE AVERGÜENCES DE BUSCAR AYUDA

En uno de mis directos en Instagram, una mujer me preguntó: "Tiago, llevo casada treinta años y no sé cuál es el sueldo de mi marido ni la contraseña de su teléfono celular, y este hombre nunca me consulta a la hora de tomar las decisiones. ¿Qué hago?". Yo respondí con otra pregunta: "¿Y has esperado treinta años para buscar ayuda? Bueno, mejor tarde que nunca".

Es muy importante que, en caso de no poder resolver ciertas situaciones solo, no dudes en pedir ayuda. No esperes a ahogarte para ponerte el chaleco salvavidas.

En el maravilloso mundo ideal, las parejas se aman apasionadamente. La fidelidad y la complicidad son los fundamentos de este amor. El padre se ocupa muy bien de los hijos y es quien provee para la familia. La madre, siempre una educadora, amable y feliz, es el balance de este hogar.

Sin embargo, en el injusto mundo real, el esposo, que prometió en el altar "te recibo a ti para ser mi esposa, para tenerte y protegerte de hoy en adelante, en lo bueno y en lo malo, en la riqueza y en la pobreza, en salud y en enfermedad, para amarte y cuidarte hasta que la muerte nos separe", ahora está distraído con una "colega" en el trabajo o teniendo conversaciones secretas en WhatsApp y metido en la pornografía. Al menor síntoma de discusión diaria, él amenaza con irse de la casa, permitiendo así que la inseguridad reine en ese hogar que debería ser un puerto seguro.

En cuanto a los hijos, no son obedientes como en un mundo perfecto de anuncio de televisión, y causan graves problemas en la casa. La esposa, cansada y frustrada con sus sueños, comienza a pensar en todas las posibles rutas de escape.

Aceptar que tu vida no es perfecta y que vivir como pareja ha sido una carga enorme puede ser el comienzo de un cambio, de un verdadero giro de 180 grados. Por otro lado, fingir que todo mejorará por sí solo, de la nada, y no pedir nunca ayuda ha sido la actitud de todas las relaciones fallidas.

Ya sea a profesionales o a algún guía espiritual, reitero y pido que tomes nota de esto: RECONOCE cuándo es el momento de pedir ayuda.

ENTRENADOR PERSONAL

Por desgracia, malgasté mucho tiempo yendo al gimnasio y entrenando mal. Gasté el dinero y una hora de mis preciosos días y tuve que vencer la postergación. Todo eso para nada, en vano. Nunca obtuve resultados. Peor aún: empecé a tener un dolor de espalda que no había tenido nunca.

Lo vi muy claro un día cuando estaba en el gimnasio haciendo ejercicios de hombros. Un instructor se acercó a mí y me preguntó: "¿Cuánto tiempo llevas haciendo así los ejercicios?". Enseguida sonreí y respondí: "¡Durante meses!".

Él desaprobó con la cabeza y me explicó lo mucho que ese ejercicio estaba afectando a mi postura. Así que, ¡por eso me dolía la espalda!

Ese día lo entendí: todos mis esfuerzos de entrenamiento serían en vano si no conseguía un *entrenador personal*, alguien que conoce los ejercicios paso a paso y la manera correcta de usar los aparatos.

En la vida 2 en 1 también deberíamos tener ese apoyo personal. Alguien que pudiera enseñarnos *cómo hacer* las cosas. Las mejores indicaciones para ese papel son terapeutas, pastores, o familiares más sabios. Siempre hay alguien alrededor a quien podríamos pedir ayuda.

Acuérdate de escoger con cuidado y sabiduría a alguien que tendrá acceso a tu intimidad, pero esta decisión es necesaria. El valor para pedir ayuda es lo que muchas veces nos falta. La mayoría de las personas prefieren fingir que todo les va bien cuando van al gimnasio, y aunque no tienen ni la más mínima idea de lo que hacer o de cómo usar los aparatos, prefieren correr el riesgo de sufrir una lesión en lugar de buscar la sesión de entrenamiento correcta, con los profesionales adecuados, para obtener los resultados de sus sueños.

> ## "HAY PERSONAS QUE NOS ROBAN, Y OTRAS QUE NOS DEVUELVEN". PADRE FÁBIO DE MELLO

PUEDE QUE SEA NECESARIO EL TIEMPO

El tiempo no lo cura todo, pero puede sanar muchas cosas. Los problemas relacionados con la vida conyugal no siempre se resuelven rápidamente. Por eso, la paciencia aquí es vital. La mayoría de las personas desearían tener una "vida tranquila", en la que todo fuera predecible. Sin embargo, tenemos que entender que, como en esos monitores del corazón, la línea de la vida no siempre es recta o sosa, sino que en medio de nuestros altibajos podemos estar seguros de que hay vida.

Saber esperar hasta que pase la fase baja para volver a subir es difícil; sin embargo, muchas veces esta es la única manera de enfrentar un problema.

Mi esposa y yo ya hemos pasado por cuatro embarazos. ¡Ir al hospital es casi un pasatiempo! (no cuenta el hecho de llevar a los niños a ver a su médico). Es inevitable esperar en las filas, así que yo siempre me llevo un buen libro o un sermón en mi teléfono celular.

Un día, estuve dos horas sentado en la recepción de una sala de emergencias leyendo un libro y esperando a que atendieran a José. Entonces Jeanine me llamó y me dijo: "¡Es hora de ir a casa!".

Como yo estaba concentrado en mi lectura, pregunté sorprendido: "¿Qué pasó?".

Ella sonrió y dijo: "Ya hemos terminado. José tiene su medicina. Todo listo. ¿Nos vamos?".

Ese día, se me prendió la luz:

SI ESPERAR ES EL ÚNICO CAMINO, ENCUENTRA UN "ANALGÉSICO" QUE MATE EL TIEMPO SIN DOLOR.

¿Lo entendiste?

El 2 en 1 es la forma más intensa de relación que existe, y ha sido diseñada para que dure hasta la muerte. La mayoría de las veces parece que lo mejor que podemos hacer es rendirnos, pero eso no es cierto. Intensifica los gestos positivos. Lucha. Los grandes logros no se consiguen fácilmente, sino con sudor e inversión de energía. Si quieres salvar tu matrimonio, MUESTRA eso. Si quieres decir que amas, GRITA eso. ¡Intensifica! ¡Intensifica!

LUCHA POR HACER DEL 2 EN 1 TU LUGAR FAVORITO.

PREGUNTAS Y RESPUESTAS

1. *Tiago, te sigo en las redes sociales desde hace dos años atrás. Entiendo el valor de tener buenas relaciones como pareja, pero mi esposo no está tan comprometido como yo. Parece que tiene secretos, no mejora en cosas básicas, parece que en cualquier momento recibiré la devastadora*

noticia o me encontraré con algo que me abrume. No soporto vivir bajo esta tensión. ¿Cuál es tu consejo?

Bueno, gracias por seguirme en las redes sociales. Si me has estado siguiendo todo este tiempo, seguro que ya me has oído hablar sobre "el alineamiento de las expectativas". Las mujeres y los hombres se casan por razones distintas y esperan cosas opuestas. Y las personas antes de casarse apenas alinean con el que será su cónyuge lo que esperan de su futuro juntos. Simplemente se enamoran, se dicen que se aman, y van hasta el altar. En nuestra cabeza, todo estará bien con amor después. Pero las estadísticas de los divorcios revelan el nivel de malas decisiones que hemos estado tomando como seres humanos, o el nivel de intolerancia y falta de persistencia.

Conozco algunas maneras de ALINEAR a un esposo, pero las que quiero recomendar hoy son solo dos: asegúrate de que tenga una experiencia con Dios. No estoy hablando de religión, pero como nací y fui criado en una iglesia evangélica, nunca he visto a un hombre "torcido" tener una experiencia con Dios y seguir viviendo de la misma manera que antes. Normalmente no espiritualizo las cosas, pero aquí no hay otra manera. Hay cosas en un hombre que solo el Espíritu Santo es capaz de transformar.

En segundo lugar, anímalo a cambiar su grupo de amistades. Sí, las personas con las que estamos determinan nuestras expectativas. Cuando él comience a hablar con hombres que aman y honran a sus esposas, con hombres que valoran a sus hijos, automáticamente será moldeado por el entorno. Y, finalmente, no te rindas. Lo que Dios ha unido, ¡que nadie lo separe!

CONCLUSIÓN

En este capítulo hemos aprendido cosas esenciales sobre la relación interpersonal más importante, la que se produce en el matrimonio, con la teoría del 2 en 1. En el mundo ideal nunca necesitaría

abordar este tema, ya que todas las relaciones matrimoniales ciertamente terminarían solo con la muerte de uno de los cónyuges, que
dejaría a la parte viuda sufriendo debido al amor y la complicidad
existente entre ambos. En el mundo real, sin embargo, vemos cada día
más que el divorcio invade a las familias en todo lugar.

Por esta razón, comencé este capítulo diciendo que nuestra elección de una pareja de vida debemos hacerla con cuidado (punto 1).
Esto nos lleva a recordar lo importante que es ser coherente y priorizar la relación establecida (punto 2) y mantenerla enfocada, para que
sea saludable (punto 3). Así, para que funcione tu 2 en 1, hay algunas cosas que son esenciales: reciprocidad (punto 4) y alineamiento
(punto 5). Entre otras cosas importantes que hay que alinear, presenté el ABC: expectativas, ideologías, agenda, y estilo de vida.

También te he recordado que es necesario que seas consciente de
los enemigos del matrimonio (punto 6): secretos, comparación, no
entender las diferencias de pensamiento, falta de disciplina, problemas sexuales, y dinero. De esta forma, para cuidar bien de tu relación, es importante que rodees tu 2 en 1 de personas que ayuden, y de
aquellos a los que no te dé vergüenza acudir (punto 7).

Termino el capítulo con la comprensión de que es necesario cierto
tiempo y, por lo tanto, deberíamos ser pacientes porque el matrimonio es una relación soñada que dura toda una vida (punto 8).

> **"En la prosperidad es cuando nuestros
> amigos nos conocen. En la adversidad,
> nosotros conocemos a nuestros amigos".**

Capítulo 5

LADRONES DE GOZO, SECUESTRADORES DE FELICIDAD

Algunos causan felicidad dondequiera que van;
Otros, cuando se van.
Oscar Wilde

Como has aprendido hasta ahora, el camino de la vida está lleno de relaciones con personas.

Algunos se cruzan en nuestra existencia y nos producen tristeza. Otros se cruzan en nuestro camino y traen consigo sonrisas y escalofríos por la espalda.

Ciertamente, estas descripciones te han hecho recordar a alguien en este momento: ummmm... ¿qué recuerdos ha evocado tu mente? ¿Qué tipo de sentimiento ha surgido? ¿Suspiraste? (Oh, ¡cuánto lo extraño!) o exhalaste (¡vete, desgraciado!)?

En 2015, Disney Pixar estrenó la película *Del revés*, otro de esos largometrajes para niños que enseñan grandes lecciones a los adultos. Si no la has visto aún, ¡tienes que verla! La trama habla de la historia de una adolescente de 11 años, Riley, que se muda a otra ciudad con sus padres y su vida es transformada. Sin embargo, lo realmente interesante es que su historia se cuenta a través de sus emociones. Gozo, Tristeza, Temor, Disgusto, Enojo: son los personajes principales.

En su entrevista para la revista Saúde (Salud), acerca de lo que podemos aprender de nuestras emociones con la película de dibujos animados, la neurosicóloga Cleide Lopes, del Hospital 9 de Julio Centro de Longevidad, en Sao Paulo, dijo: "Todos los recuerdos que tiene, ya sean buenos o malos, traen sentimientos con ellos".[42]

Como sucede en *Del revés*, las personas que pasaron por nuestra historia también terminaron teniendo lugares que construir o vender en el condominio de nuestros recuerdos.

Como hemos dicho antes, ¡por desgracia no vivimos en el mundo ideal! En este mundo real coexistimos con diversas personas tóxicas y complicadas. Algunas son envidiosas, y otras son vengativas. También hay orgullosas, desidiosas, perezosas, e incluso *los que te odian por la misma razón que otros te aman*. ¡Refuerzo además que algunos son capaces de tener más de una de estas malas cualidades!

Verás que, desde el principio del mundo, ¡existe este tipo de personas! En el libro de sabiduría antigua, ya fue necesario enseñar a las personas acerca de esto: "*Y ninguno de vosotros piense mal en su corazón contra su prójimo* [...]".[43]

Entonces, no es de extrañar que en nuestros días haya también personas desagradecidas, indiferentes, problemáticas, perseguidoras, mentirosas, falsas, hipócritas, los que se hacen la víctima todo

---

42. Mira el reportaje completo en https://saude.abril.com.br/bem-estar/9-coisas-que-o-filme-divertida-mente-nos-ensina-sobre-o-cerebro-e-as-emocoes/. Consultado en línea 15 de julio, 2019.
43. Zacarías 8:17.

el tiempo, irresponsables, los que nunca cumplen con las expectativas, ladrones de influencia, y la clase más común y astuta: los traidores, el famoso "Judas". Por supuesto, hay también muchos otros adjetivos y clasificaciones negativas que se podrían usar, pero estas que acabo de mencionar nos ayudan a hacernos una idea de lo grande que es nuestra lucha diaria por mantener buenas relaciones con otras personas.

LIDIAR CON ESTAS PERSONAS NO ES TAREA FÁCIL. ¡ES UN VERDADERO RETO!

Cada ser humano está lleno de distintos valores, cultura, e historias de vida. Las experiencias que viven las personas definen cómo interpretarán el largo plazo en la tierra de los vivientes.

Es un descubrimiento impactante saber que, en medio de la crisis mundial de 2008 que comenzó el 15 de septiembre de ese año en los Estados Unidos después de un colapso causado por la burbuja especulativa del mercado inmobiliario, los principales mercados de valores en todo el mundo cayeron en picada, desapareció el capital, se devaluaron los bienes raíces hasta niveles absurdos, y compañías multinacionales se vinieron abajo;[44] el único mercado que creció (¡y mucho!) fue el de las mascotas, y sigue al alza, según la investigación llevada a cabo por Caitlin Moldvay, publicada en Ibis World, que evaluó el periodo de 2003 a 2011 e hizo cálculos hasta nuestros días.[45]

¿Qué lección aprendemos de esto? Que, sí, los seres humanos concluyeron ¡que es más fácil lidiar con una mascota que intentar

---

44. Puedes encontrar un análisis preliminar de las causas del mercado del profesor José Luis Oreiro en https://jlcoreiro.wordpress.com/2011/09/12/origem-causas-e-impacto-da-crise-valor-economico-13092011/. Consultado en línea 15 de julio de 2019.
45. Disponible en http://big.assets.huffingtonpost.com/ibis.pdf. Consultado en línea 15 de julio de 2019.

entender a las personas! Piensa en "el mejor amigo del hombre"; sí, el perro. Un perro es capaz de perdonar rápidamente. ¡Eso debería servirnos de inspiración! Puedes regañar a un perro, pero si lo vuelves a llamar, regresará corriendo y feliz, ¡porque no guarda rencor! Además, los perros por lo general están alegres y transforman el entorno en el que viven. Tenemos mucho que aprender del universo de las mascotas.

Y, entonces, la humanidad ha preferido comprar un hámster en lugar de resolver los problemas emocionales con otros seres de la misma especie. Y con razón, pues es cada vez más difícil entender a las personas.

Por imposible que parezca, "llevarse bien" con las personas, con otros seres humanos, es esencial para la felicidad. Después de todo, una pequeña mascota aporta mucha alegría: no traiciona, no habla mal ni te abandona. Sin embargo, un par, una pareja de la misma especie, puede hacerte feliz y completo (sin discriminar, por supuesto, el papel emocional que desempeña una mascota en la vida de sus dueños).

¡Pero es vital decir que las personas necesitan a las personas!

Como seres emocionales y pensantes, conectamos unos con otros y hacemos historia juntos, pero no tenemos una idea clara de quiénes son verdaderamente esos "otros". Cuando nos volvemos emocionalmente disponibles en busca de una conexión profunda, muchas veces quienes nos hieren son precisamente aquellos en los que más confiamos. Sin embargo, nuestra humanidad, incluso cuando duele, anhela la conexión. Por eso nos resulta difícil dejar salir de nuestra vida a personas que nos han ofendido. En un sentido, estamos conectados unos a otros tanto emocional como espiritualmente, incluso en el dolor.

Recientemente hice una investigación en mis redes sociales preguntando a mis seguidores qué era lo que les resultaba más difícil a la hora de lidiar con las personas. Recibí todo tipo de respuestas: falta de confianza, decepción, heridas emocionales; estos son solo algunos ejemplos. Lo que realmente me impactó fue que el 70 por ciento de las respuestas fueron: ¡PERSONAS! "¡Mi problema a la hora de lidiar con las personas son las personas!", dijo un seguidor.

Las personas son complicadas, sí, pero la vida es muy corta; por lo tanto, tenemos que simplificar las cosas.

¡El tiempo de llevarnos las peleas a la tumba se ha terminado!

La propuesta de este libro es exactamente simplificar las relaciones humanas. Esta es mi sugerencia para la felicidad en cuanto a las relaciones interpersonales.

EL VIAJE DE LA EXISTENCIA ES UN CAMINO LLENO DE PIEDRAS.

Los arroyos de agua nos enseñan grandes lecciones. Al ver un pequeño arroyo en medio del campo, nos damos cuenta de que, aunque el agua encuentra muchas piedritas, en lugar de enfrentarse a ellas las bordea, una a una, con elegancia y velocidad. El agua del arroyo siempre encontrará su camino al margen de la cantidad de piedras que encuentre a su paso.

¡Ay, ojalá nos comportáramos como el agua! En lugar de malgastar el tiempo golpeando piedras, avanzaríamos a la siguiente etapa del río.

Es importante observar que, en la vida, algunas personas no son piedras de tropiezo, como decíamos al comienzo del libro, ¡sino más bien piedras en el zapato! Y otras son esenciales para ayudarnos a construir la escalera del éxito, pero siempre serán como piedras: incómodas y difíciles de llevar.

Un ser humano que no esté emocionalmente formado y que esté frío espiritualmente, cuando ve una piedra en el camino tiende a querer golpearla y apartarla del camino. Pero el que se hace daño es quien da la patada; la piedra no siente nada. Solo está cumpliendo su propósito: ser una piedra, estática y fría.

Entiende esto: las piedras no están en tu camino para que las patees. Si las pateas, serás tú quien reciba el daño, ¡y solo tú! Hemos hablado mucho sobre esto en el Capítulo 3, cuando hablamos de los evitables.

Es así de sencillo:

DOMINA TUS EMOCIONES PARA EVITAR PATEAR LAS PIEDRAS DURANTE EL CAMINO Y EVÍTATE EL DAÑO DEL IMPACTO.

Hay que sacar las piedras del zapato.

Las piedras del camino se pueden evitar, si te hacen tropezar.

Si tienen el tamaño adecuado para servir como peldaños para el éxito, y están en tu camino, se deben usar. Sí, solo "llegas allí" con la ayuda de personas.

Las famosas "piedras en el camino" existirán siempre. Carlos Drummond de Andrade, un poeta brasileño, escribió un hermoso poema sobre este tema:

> En medio del camino había una piedra
> Había una piedra en medio del camino
> Era una piedra
> En medio del camino había una piedra
> Nunca olvidaré ese acontecimiento.[46]

---

46. ANDRADE, Carlos Drummond de. "No medio do caminho" (En el medio del camino). Revista de Antropofagia, 1928.

Ya sea en la vida de Drummond, en la mía o en la tuya, las piedras estarán ahí. A veces insisten en estar en nuestro camino. En la vida, estas piedras en general son individuos que están cerca, como familiares (posiblemente personas inevitables).

¡Y hay más! Mientras más cercana sea la persona, más probabilidad tiene de hacernos daño. ¿Por qué? *Es en la proximidad donde damos información acerca de nosotros a los demás.*

Compartimos con ellos nuestro dolor, errores, secretos y sueños. ¡Y esto se convierte en una especie de "gatillo" contra nosotros después! Por eso son tan importantes las tres esferas de la amistad de las que hablé en el Capítulo 1: ¡debemos tener cuidado con los que tienen acceso a nuestra intimidad!

Sin embargo, la "escalera del éxito" realmente existe, ¿y sabes qué? Son personas u oportunidades disfrazadas de personas. Por lo tanto, no podemos rendirnos con las personas, ¿lo ves?

Sé que, cuando estamos heridos, no estamos de acuerdo con esta verdad, pero ten calma y avancemos, marcando el camino de este universo socioemocional que son las relaciones humanas.

PERCEPCIÓN DE LA REALIDAD

Hay personas que lloran al saber que las rosas tienen espinos. Hay otros que sonríen al saber que los espinos tienen rosas.
Machado de Assis

Río de Janeiro fue mi hogar por treinta años. Al criarme en un suburbio de Ciudad Maravillosa, por desgracia me acostumbré a la violencia y, particularmente, a la rutina de los robos en la región.

En la actualidad, viviendo en Orlando, Florida, me doy cuenta de lo mucho que contribuyó ese tiempo en Río a hacerme "inteligente" (casi siempre me doy cuenta cuando alguien se acerca a mí con malas intenciones), pero también del gran daño que causó en la calidad de mi vida mental.

Muchas veces, cuando veía una motocicleta acercarse en Río, se me aceleraba el corazón, empezaba a sentir un sudor frío, y literalmente entraba en pánico. Eso se debe a que en esa región me robaron a punta de pistola un par de veces. En una ocasión, cuando Jeanine estaba embarazada de ocho meses de nuestra primera hija, Julia, cuatro ladrones me asaltaron delante de la casa de mis padres. Además de quitarme todas mis cosas, me amenazaron con matarme. Como en ese momento yo estaba hablando por teléfono con Jeanine, ella escuchó todo desde el otro lado del teléfono y casi se desmaya.

Me robaron el reloj, el teléfono celular, todo el dinero de mi cartera, y mi anillo de boda. Aun así, los ladrones de automóviles se llevan menos en valor que los ladrones de gozo, los secuestradores de paz y los ladrones de sueños.

Por eso, en el libro de sabiduría antigua, nuestro señor Jesús nos enseña:

> No os hagáis tesoros en la tierra, donde la polilla y el orín corrompen, y donde ladrones minan y hurtan; sino haceos tesoros en el cielo, donde ni la polilla ni el orín corrompen, y donde ladrones no minan ni hurtan. Porque donde esté vuestro tesoro, allí estará también vuestro corazón.[47]

¿Un reloj? Te puedes comprar otro. Pero ¿y la paz?

EJEMPLO DIARIO

Un amigo íntimo se compró una hermosa camioneta en estos días y estaba muy contento con su nueva adquisición. Con un buen interés

---

47. Mateo 6:19-21.

en su financiación, estaba bastante satisfecho con toda la comodidad que tenía. Su sonrisa se podía ver a la distancia.

Al estacionar en la panadería del barrio para comprar pan fresco, un vecino se asomó por la ventanilla de su automóvil y, mirando con desdén, dijo: "¡Hermoso automóvil, sí! Es una lástima que al ser de este color será muy difícil venderlo después".

Una frase, solo una frase, ¡y el gozo de la compra se fue!

LOS LADRONES FÍSICOS ESTÁN EN TODAS PARTES

Los ladrones de gozo son más comunes de lo que creemos. Están en todas partes: dentro de tu familia, en la escuela, en la iglesia, en las calles y en tu trabajo.

En este capítulo quiero enseñarte cómo identificar y después protegerte contra este tipo de personas. Están en todas partes, y tienes que saber cómo identificarlos y protegerte. Solo eso.

Elige quién se queda, ¡decide quién se va!

Sigmund Freud, el padre del psicoanálisis, dijo que "el carácter de un hombre se forma mediante las personas con las que decide vivir".

Por lo tanto, algunos deberían solamente pasar por tu vida, y otros deberían quedarse para siempre. La decisión siempre será tuya. Tú escogerás a las personas que forjarán tu carácter.

Literalmente, hay personas que entran en nuestra vida por casualidad; sin embargo, no se quedan por casualidad. Utiliza tu propio sentido de propósito en la vida, tu madurez, en caso de que ya la tengas, y tu conexión con Dios para tomar esta decisión que cambia destinos.

¿Te imaginas que el vecino de la puerta de al lado fuera un ladrón de gozo, que un familiar tuyo fuera un secuestrador emocional, o que un compañero de trabajo fuera un ladrón de paz? ¿Ves que estas personas pueden formar parte de tus esferas de la amistad (Capítulo 1) o ser inevitables (Capítulo 2)? Entonces, en ese momento, puede surgir esta pregunta: "Tiago, ¿pero cómo *decido* quién tiene que salir de mi vida?

Esta es mi filosofía personal:

> **CUANDO HAY UNA DISCULPA PERO NO UNA PALABRA DE PERDÓN... CUANDO SIEMPRE HAY UNA EXPLICACIÓN PERO NUNCA ARREPENTIMIENTO... ...LO MEJOR QUE SE PUEDE HACER ES CORTAR DE RAÍZ.**

¿Sabes lo que significa? Nunca midas a una persona por sus errores, sino por su capacidad de arrepentirse y de arreglar las cosas. Las personas siempre cometerán errores, pero solo unos pocos se arrepentirán y arreglarán las cosas. VALORA MUCHO a estos pocos.

A veces es posible, en lugar de bloquear a las personas para siempre, solo cambiar el lugar que frecuentas y en el que ellos están (haciéndolos evitables según el Capítulo 3), y otras veces es imposible. ¡Qué duro es!

Veamos el caso de los seguidores de Jesús. Pedro (de la esfera de los amigos íntimos) y Judas (de la esfera de los amigos necesarios), ambos metieron la pata con Jesús. Uno de ellos lo negó, y el otro lo traicionó.[48] Ambos se equivocaron con el hombre a quien le habían jurado fidelidad, pero Pedro se arrepintió y regresó, mientras que Judas se fue y se quitó la vida.

Créeme, las personas que te rodean deciden su destino. Algunos harán todo lo posible por buscar la reconciliación. En esos casos,

---

48. En Lucas 22 puedes encontrar los textos, tanto la negación de Pedro como la traición de Judas.

sé humilde y aprovecha la oportunidad. Otros sencillamente darán media vuelta y desaparecerán para siempre.

¡Las personas son impredecibles! Sin embargo, en sus acciones y reacciones revelan quiénes son. Todos dan pistas de quiénes son realmente, incluso cuando están interpretando un papel al intentar relacionarse contigo.

Judas traicionó a Jesús por 30 monedas de plata, pero antes ya había mostrado síntomas de que algo andaba mal en la relación que tenía con el dinero. La Biblia dice que robaba de las ofrendas y limosnas que recibía el ministerio de Jesús.

Las personas que te han traicionado recientemente dejaron rastros antes de hacerlo, ¡pero tú no uniste los puntos!

Ser un experto en personas requiere de atención y aprendizaje. Tienes que prestar atención a los detalles de conducta y las palabras de cada persona para aprender de eso.

> ## "LAS PERSONAS NORMALES HABLAN ACERCA DE COSAS, LAS PERSONAS INTELIGENTES HABLAN ACERCA DE IDEAS, LAS PERSONAS INSIGNIFICANTES HABLAN ACERCA DE PERSONAS".
> ## PLATÓN

Presta atención a esto: cuando alguien te habla mal de otros, es una señal de que un día esa persona hablará mal de ti a otros. Este es el ciclo de las relaciones y la coexistencia.

¿Quieres estar rodeado de personas inteligentes o de personas insignificantes? Identifícalas y después acércate o aléjate de ellas, seleccionando a las personas que quieres tener a tu alrededor.

Quizá esta es la razón por la que los seres humanos estamos tan apegados a lo que no tiene sentimiento alguno, como los bienes materiales: de ese modo nos sentimos más a salvo, puesto que las cosas no nos pueden traicionar.

Las cosas no ofenden, no te abandonan, no te critican. Las cosas no reaccionan a lo que dices o haces. Las cosas cumplen su propósito de que las uses siempre que quieras, sin molestarse porque enseguida las dejes.

En general, los seres humanos prefieren valorar cosas antes que personas. Lo interesante de esto es que no siempre es el caso porque la persona sea esencialmente materialista, sino porque es un tipo de relación que duele menos.

Por muy difícil que pueda parecer la coexistencia humana, y realmente lo es, *nunca cambiaremos el mundo usando cosas, sino sirviendo a las personas.*

Las cosas no reaccionan al racismo. Las personas se juntan y protestan contra ello. Las cosas no se sienten heridas por la maldad, pero las personas heridas necesitan que otros luchen por ellas.

El mundo necesita buenas personas más que cosas modernas. Puedes incluso amar las cosas, pero ellas nunca te amarán a cambio. La decisión de amar y servir a las personas es difícil de tomar, pero es necesaria.

TIPOS DE LADRONES DE FELICIDAD

Para ayudarte a identificar y protegerte más fácilmente contra los ladrones de felicidad que hoy pueden estar en cualquier nivel de relación contigo, a continuación hice un breve resumen de los principales tipos que te encontrarás.

EL INDIFERENTE

Este tipo de secuestrador emocional hizo un comentario negativo sobre ti, o comparaciones con cosas que él o ella tiene y que tú no tienes. Por lo tanto, el indiferente es un "equivocado". No hay un verdadero interés en hacerte daño. Su conducta no es a propósito.

Si eres una mujer, funciona así: una amiga indiferente llega a la fiesta anual, a la que todas han sido invitadas, te mira de arriba abajo y dice: "Fulanita llevaba un vestido igual que ese la semana pasada".

Nada cambiará en el mundo porque alguien haya llevado un vestido como el de otra persona. En caso de que ella no hubiera mencionado eso, tú ni te habrías dado cuenta. Como ella no tiene "noción" alguna de que eso podría molestarte o herirte de algún modo, hace el comentario en medio de una fiesta importante.

Hay muchas personas así, incluyéndote a ti misma en la lista, entiéndelo.

Yo siempre presto atención a lo que digo cuando alguien me enseña un trabajo o un nuevo logro. A veces ni siquiera me gusta lo que he visto, pero decido no ser un ladrón de gozo para las personas.

"Pero, Tiago, entonces ¿nunca puedo ser sincero con las personas?", podrías argumentar.

Por supuesto que sí. En primer lugar, porque nada es tan malo como para que no encuentres algo que elogiar sinceramente. Si un "vestido repetido" no te agrada, elogia su bonita sonrisa, o su peinado, o sus joyas, o incluso sus zapatos. Si el texto tiene un tema que no te gusta, elogia su cohesión. Si nunca te comprarías un automóvil de ese modelo, elogia el acabado. ¿Ves? Siempre hay algo que elogiar sinceramente.

Recuerdo una película en la que el personaje principal era el tipo que caía bien a todos. ¿El secreto? Nunca le robaba el gozo a nadie. Una mujer sin mucho atractivo físico se acercó a saludarlo mientras esperaba en una fila. Él la miró a los ojos, sonrió y dijo: "Tienes unos pómulos maravillosos. Tienen la forma perfecta y se vuelven sonrosados cuando te ruborizas". Un elogio sincero alegró el día o la semana de esa mujer halagada.

Pero no desconectes, porque si esa persona pertenece a una de las tres esferas de la amistad o si está bajo algún tipo de tutoría por tu parte, vale la pena, en un día común y corriente, mencionar cómo lo harías de otra forma totalmente distinta o comprarías otro tipo de producto, para añadir algo a la vida de esa persona. ¡Los amigos hacen eso!

Ahora bien, si la persona no es amiga tuya ni está bajo tu mentoría, le costará entender que tú solo quieres ayudarle. Por lo tanto, mi consejo es el siguiente: ¡evita robar el gozo de nadie!

¿La camisa de tu amigo es fea, y no te gusta? No se lo digas el día que la lleva puesta para un evento importante. No arruines el momento de nadie. ¡No seas alguien indiferente!

Hace unos días atrás, cuando nació Jasmim, Jeanine me convenció con respecto a la necesidad de comprar un segundo automóvil. La minivan que suelo manejar yo y que puede llevar a cuatro hijos, mi suegra y Joana (la bendición de Dios que nos ayuda con los niños) de un lugar a otro no era suficiente, porque a veces yo tengo que ir a un lugar y Jeanine a otro.

Por lo tanto, fuimos a una gran concesionaria en la ciudad. Nos impresionó la cantidad de vehículos modernos que había en ese enorme estacionamiento.

El vendedor me presentó cuatro opciones de automóviles que me podía permitir. Para mi sorpresa, en la lista de arrendamiento a los que podía optar había un Mercedes-Benz nuevo.

Yo estaba entusiasmado. Otros automóviles me ofrecían la misma comodidad, pero no tenían ese lujoso frontal, esos asientos color caramelo, y el imponente símbolo de Mercedes. En definitiva, no eran un Mercedes.

Hice la prueba de conducción en los cuatro modelos que me presentaron, pero mi corazón se inclinó por el Mercedes por todo el status quo, la comodidad que me ofrecía, y la impresión que me dio.

En el subidón de la emoción, busqué el enfoque y comencé a pensar en las personas a quienes les encantaría verme en ese automóvil y las que se "morirían de enojo" por ello. ¡Fue entonces cuando se me prendió la bombilla! Me gustaría que entendieras mi línea de pensamiento (antes de nada, sé que no es la única forma correcta de pensar acerca de esto; sin embargo, es la más viable que he encontrado hasta ahora), lo que llamo cuadro mental.

Reproduje toda la escena en mi mente. Me imaginé llegando a una fiesta con ese automóvil. En general, las personas me conocen y saben quién soy y lo que hago. Todo el que no se pueda permitir un automóvil así, ciertamente pensaría: "¡Ummm, tiene mucho dinero, ¿no?! Debe estar metido en negocios oscuros". Otros se quedarían callados, pero empezarían a envidiar mi nueva adquisición. Habría muchos otros comentarios negativos que "correrían" como el agua del río.

Es interesante que quienes pueden permitirse comprar automóviles incluso mejores se pudieran sentir amenazados. Entre ellos, la conversación de la noche sería, entre un cotilleo y otro: "¿Cómo puede llevar Tiago un automóvil así? ¿Habrá cerrado un gran negocio? Pero también es pastor, ¿no? Ah, debe haber algún dinero de los creyentes incluido".

Sin duda, en el mundo ideal todas las personas celebrarían el logro y se alegrarían de la victoria. Sin embargo, estamos en el doloroso mundo real, en el que hay envidia, donde las personas hablan mal y encuentran excusas sobre por qué no les ocurrió a ellos sino a ti, o ven inconvenientes en que tú hayas llegado al mismo nivel que ellos.

Así es como decidí no robar el gozo de nadie, ni situarme bajo el foco de atención. Por supuesto, no renuncié a la comodidad de mi familia, pero al final decidí comprar un automóvil que no fuera tan llamativo, pero que tuvieran una calidad similar. Lo que más me asombra es que el precio era el mismo, pero el impacto emocional sobre las personas era distinto.

Quiero destacar que no hay problema alguno con comprar el automóvil que quieras. Yo decidí no alardear de una máquina así para evitar hacer más enemigos y no estropear el gozo de los que tienen menos o más que yo. Ya he tenido demasiados problemas sin provocar a nadie. ¡Imagínate si empezara a buscarlos!

En definitiva, mi familia está satisfecha con el automóvil, y mis amigos y "enemigos ocultos" (los que dicen que son amigos, pero que en verdad quieren el mal) que coexisten conmigo no se ofenden ni andan murmurando por ahí (al menos eso creo).

Sé que este es un tema sensible, porque cuando compras algo, por ejemplo, una computadora nueva, quieres que todos compartan tu alegría, que todos vean que fuiste capaz de comprar algo mejor. Tan solo ten cuidado de que, sin darte cuenta, no te conviertas en un ladrón de gozo, indiferente.

Hay muchas personas que sufren cuando ven lo que tienes, aunque tú no lo consideres suficiente. Si decides derrochar, la brecha entre tú y la gente aumenta considerablemente.

Hay personas que secuestran tus emociones durante unas horas por las cosas que dijeron o escribieron en las redes sociales, pero eso no significa que quieran hacerte daño. A veces fueron indiferentes, como yo lo era cuando solía exponer cosas que afectaban a las personas.

Hazte un cuadro mental de la escena sobre cómo reaccionarían las personas al enterarse de tu logro, y tendrás la sabiduría para tomar mejores decisiones.

Los indiferentes aún pueden ser de otros tipos y seguir siendo ladrones de gozo. El chismoso, por ejemplo, puede haberle contado algo tuyo a otros no porque quisiera dañar o exponer tu vida, sino porque simplemente no sabe cómo controlar su propia lengua.

El portador de malas noticias es otro tipo de indiferente. Es muy probable que no quiera verte deprimido, pero como es negativo por naturaleza, solo es capaz de hablar de tragedias y cosas parecidas.

EL INTENCIONAL

Este tipo de ladrón de gozo aparece en nuestra vida por distintas razones. Está incómodo porque eres feliz en tu matrimonio, porque le caes bien a tu jefe, o porque el vecino se alegra cuando estás cerca. No importa el porqué, el ladrón intencional querrá hacer algo para robar un poco de tu gozo siempre que pueda.

No actúa así todo el tiempo con todos, ni siempre se ha comportado así contigo, sino que desarrolló algo contra ti y ahora siente la necesidad de "golpear" de algún modo.

Tengo un ejemplo desagradable en mi vida. En este caso que citaré, yo mismo me convertí en un ladrón emocional.

Cuando comencé mi empresa a los 25 años de edad, no tenía ningún recurso. Era una persona emocionalmente frustrada y me comparaba con todo y con todos. Jeanine explicó bien quién era yo en ese entonces cuando escribió el prefacio de mi libro *Dinheiro é Emocional* (El dinero es emocional).[49] En este libro puedes encontrar la descripción perfecta de quién era yo.

Por lo tanto, cuando la empresa prosperó un poco y empezaron a fijarse en mí en el banco, recibí un pequeño crédito y me compré un automóvil nuevo. Mi intención no era tener más comodidad o simplemente un medio de transporte. Quería demostrarles a todos los

---

49. BRUNET, Tiago. *Dinheiro é Emocional* (El dinero emocional). São Paulo: Editorial Vida, 2018.

que habían dudado de mí en ese entonces que me iba bien. También quería competir con mis primos y amigos que habían prosperado antes que yo.

Al echar la vista atrás, tuve un sentimiento terrible. Sin embargo, en ese periodo de mi vida estaba completamente ciego y solo quería robar el gozo de alguien. Dicho así, pareciera que yo era una mala persona, pero no, tan solo era un esclavo de mis frustraciones y deseos desatendidos.

Insistía en llegar tarde a eventos familiares o citas de trabajo solo para estacionar mi automóvil justo delante del lugar y que todos vieran que yo llegaba y así pudieran contemplar mi "victoria". ¡Eso era algo muy penoso y ridículo! Sin embargo, ¡las personas son así! Cuando sienten que son poco, intentan ser más y alardean de las cosas que poseen.

Ahora me parece "lo último en el mundo", pero en ese entonces era un tipo de protección emocional para mí. Una manera de sentirme mejor conmigo mismo y aceptado. ¿Alguna vez te has sentido así, dispuesto a hacer cualquier cosa para que las personas te acepten?

Así que recuerda: las personas que te roban el gozo hoy, puede que sean relevantes en el futuro. Eso me ocurrió a mí, y cambié. Las personas cambian.

Y, del mismo modo, alguien podría haber secuestrado tu paz, ¿acaso tú mismo no se lo has hecho en alguna ocasión a alguien?

SI ESTÁS TAN DESESPERADO COMO PARA ESTAR DISPUESTO A HACER "LO QUE SEA", ¡CIERTAMENTE ESCOGERÁS HACER LO INCORRECTO!

LAS PERSONAS SON ASÍ

Envidia, una película de comedia de 2004, cuenta la historia de dos amigos íntimos y vecinos: Tim y Nick.

Nick invita a Tim a que sea su socio en la creación y venta de un producto inusual: un vaporizador de heces de mascota. A Tim no le parece la gran idea y no acepta involucrarse en el negocio; sin embargo, el producto funciona, se convierte en un gran éxito, y Nick gana mucho dinero.

¡Tim tiene mucha, mucha envidia! Para empeorar aún más las cosas, él también tiene que oír a su esposa y sus hijos preguntando por qué él no tiene lo que tiene su vecino. Y, por si eso no fuera suficiente, Tim mata accidentalmente a la mascota de Nick, un caballo, y pasa la mayor parte de la trama intentando ocultar su error. Las personas son así: en lugar de disculparse, ¡quieren ocultar sus errores!

Nick le da la mitad de su empresa a Tim, quien finalmente se arrepiente y le cuenta a Nick lo del caballo. Nick enseguida le perdona, diciendo: "Realmente fue un accidente".

Al final, el vaporizador termina siendo retirado del mercado y ambos tipos lo pierden todo, pero ahora es Tim quien tiene una gran idea (una innovadora flanera de bolsillo), que Nick acepta de inmediato y vuelven a ser socios otra vez.

Las personas son así: los mejores amigos cometen errores, ¡pero el perdón los corrige!

En ese entonces, no importaba lo que yo comprara, ya fuera un automóvil, un reloj o un teléfono celular; en cualquier compra que hiciera, había un amigo al que yo iba y buscaba la manera de enseñarle todas esas cosas. Y solo me quedaba satisfecho cuando ese amigo en concreto veía mi automóvil o cualquier otra de mis adquisiciones. Necesitaba afirmarme delante de él.

Estoy contando un caso personal y triste como este para que sepas que cualquiera podría ser un secuestrador emocional intencional. No es necesario que haya ninguna intención destructora para eso. Las personas comunes y corrientes que no vigilan y no les importan sus sentimientos se pueden convertir en ladrones emocionales.

Debe quedar claro que sé que el problema no eran mis familiares o mis amigos, sino que mis emociones estaban totalmente descontroladas en ese entonces, así como mi falta de identidad y mi pequeñez espiritual.

Actualmente, soy capaz de ser más empático porque he pasado por esto. Puedo entender por qué algunas personas, sin intención alguna, llegan para intentar herirnos y robarnos el gozo. No es que tengan nada contra nosotros, sino que son personas que necesitan sentirse bien de algún modo.

Al reconocer este error en mí y corregirlo, ahora soy capaz de no juzgar y, por supuesto, tengo la facilidad de perdonar a quien me haga esto mismo.

Haz un autoanálisis, identifica todos tus errores, y sé muy crítico contigo mismo. Esto te ayudará a entender mejor a otros.

EL NEURÓTICO

La neurosis es un trastorno psicológico que lleva al paciente a sufrir angustia y ansiedad intensas y también tiene como síntoma la preocupación constante.[50] Enfoquémonos aquí en la angustia y la ansiedad generadas por una preocupación constante por ser perseguido. La persona se siente perseguida. Cree que el mundo está en su contra y que todos en esta tierra están compitiendo con él o ella. De

---

50. Puedes conocer otros síntomas en http://br.munfdopsicologos.com/artigos/entenda-o-que-e-neurose-e-quais-seus-sintomas. Consultado en línea 15 de julio de 2019.

esta forma, quiere herir emocionalmente y estropear el placer de todo aquel que pueda.

A veces escoge una víctima específica a la que atacar. Sin embargo, en general, abre un campo de fuego y dispara sus trastornos emocionales y tragedias espirituales sobre todo aquel que se cruce en su camino. Es importante notar que usaremos el término "neurótico" solo como un indicativo de un tipo de ladrón de felicidad que queremos mostrar, no por el amplio sentido general de este término en la terminología médica.

Hace un tiempo atrás, viví con una persona así. Primero, entablamos una amistad. Parecía que él era una persona que se ajustaba bien e incluso que era una buena persona. El ladrón de gozo neurótico tiene la increíble habilidad de disimular. Le iba mucho mejor que a mí, tanto económica como profesionalmente, así que yo lo veía como una referencia en ese entonces.

Como yo estaba tanto emocional como económicamente quebrado cuando nos conocimos, él me parecía emocionalmente cómodo. A fin de cuentas, comparado conmigo, él era "el tipo". Incluso consciente de los tiempos difíciles que yo estaba atravesando en la vida, él insistía en presumir de los automóviles deportivos que se compraba o el reloj por el que no sé cuánto había pagado. Él hacía eso para ofenderme. En ese momento, yo no suponía una amenaza para él. Creo que él era un ladrón de felicidad indiferente.

Pasaba el tiempo, y cada vez estaba encontrando mejor mi destino. Cada día me preparaba un poco más, fortaleciendo mi fe y balanceando mis emociones. Con el tiempo, comenzaron a aflorar pequeños resultados, como una flor que a veces florece en medio del desierto. Y, aunque sea una sola flor, termina levantándose en medio de todas las hectáreas carentes de vida del desierto.

A medida que iba dejando atrás mi tibieza económica y mi parálisis ministerial y profesional, cuando las cosas comenzaron a cambiar para mejor en mi vida, este "amigo" fue el primero en llamarme con la siguiente conversación:

"Tiago, ¿por qué andas hablando mal de mí por ahí?".

"Yo no he dicho nada. Somos amigos", respondí. "¿De qué me estás hablando? Estoy aquí para responderte a cualquier pregunta que tengas. Si quieres que hable con esa persona cara a cara, podemos hacerlo hoy mismo", le dije.

Él nunca intentó resolverlo, aunque yo siempre propuse soluciones rápidas.

Con el paso de los días, él se puso peor. Mientas más mejoraba yo en la vida, más intentaba él robarme la paz. Se inventaba historias terribles sobre mí y se las contaba a otros, intentando arruinar mi reputación Algunas de ellas las podía haber llevado a la policía. Sin embargo, decidí seguir de otro modo. Tan solo me alejé de algo que parecía ser una amistad.

Recuerdo el día en el que, intentando levantarme y recoger los pedazos emocionales del suelo de mi existencia, me invitaron a dar una clase por la cual me pagarían. Estaba empezando a trabajar en esta área. Todo era muy nuevo y emocionante para mí. En ese día tan especial, él me llamó horas antes del evento para decir que dos personas muy cercanas a él iban a demandarme. Sus palabras fueron:

"Sé que estás a punto de participar en un evento, pero creo que es mejor que sepas que fulanito y menganito te van a demandar por X dinero".

¡Me quedé helado al instante! Mi mente se desenfocó.

Al ladrón de felicidad neurótico no le importa darte malas noticias el mejor día de tu vida. Es un asesino de gozo por naturaleza. Es realmente difícil entender o amar a alguien así. Sin embargo, ser un especialista en personas es vital para ENTENDER por qué hacen lo que hacen.

Eso es lo que me tranquiliza: ¡entender el porqué de las cosas!

Todo abusador, como ya se sabe, en algún momento fue abusado también. Hay mucho que decir sobre esto en el tema de los abusos sexuales, pero también se aplica a los abusos emocionales.

A este hombre, que se convirtió en un ladrón de gozo neurótico, lo abandonó su papá cuando aún estaba en el vientre de su madre. Esa mujer guerrera, que se quedó con el reto de educar hijos sin un padre, no tuvo otra opción en ese momento que prostituirse. La pobreza, el maltrato y mucha vergüenza eran parte de su rutina diaria.

Durante su infancia, este perseguidor mío experimentó en la vida lo que yo nunca podría soportar, y cuando creció y sobrevivió a pesar de todo aquello, vio a personas que estaban a su lado que empezaban a sobrepasarlo en algunas áreas de la vida, y no tuvo la inteligencia ni la flexibilidad emocional para posicionarse interiormente. El camino que tomó fue el ataque neurótico.

Cuando entendí eso, se me fue la ira y me inundó por completo un sentimiento de compasión

Entender el "porqué" de las cosas es una herramienta importante para la construcción de tu salud emocional. Aunque la otra parte sea un malhechor, si no resuelves los problemas por ti mismo, ¡el psicológicamente debilitado serás tú!

LAS APARIENCIAS PUEDEN SER ENGAÑOSAS

Qué admirables pueden ser las personas a las que no conocemos bien.
Millôr Fernandes

Mira a tu alrededor: parece que la esposa de tu compañero de trabajo es perfecta, que el hijo de tu vecino es magnífico, que los empleados de tu competencia laboral son los mejores. Pero, parafraseando a Millôr Fernandes, admiramos a las personas a las que no conocemos bien.

Así es la vida, y las personas son así. Si vives con ellas durante un tiempo, es probable que la fascinación se disipe.

En el mundo ideal, todas las personas deberían ser excelentes en lo que hacen y contribuir colectivamente. En el oscuro mundo real las personas son egoístas, y mientras más nos acercamos a las personas, menos nos interesan y menos les admiramos. No es de extrañar que los inevitables estén muy cerca de nosotros (Capítulo 2).

Por eso intento no dejarme impresionar por aquellos a los que no conozco aún. Cuando nos acercamos lo suficiente, todo cambia. ¡Y también es cierto lo contrario! Créeme: hay personas que están a mi lado hoy a las que es más fácil admirar al estar cerca de ellas que al estar lejos.

Un especialista en personas es aquel que sabe cómo lidiar con los seres humanos hasta el punto de que quienes están a su alrededor le admiran. Es el que entiende que la esencia vale mucho más la pena que la apariencia.

PROVOCADORES DE LADRONES

¿Quién tiene más probabilidades de que le atraquen en las calles de una gran ciudad: el que lleva un reloj de oro y una cadena en el cuello, o el tipo que viste pantalones cortos y una camiseta?

Con intención o sin ella, vestimos cosas, escribimos cosas, mostramos cosas que despiertan al que estaba "quieto". El dicho popular de "la oportunidad hace al ladrón" encaja bien en el contexto del que hemos estado hablando. El libro de sabiduría antigua también nos advierte: *"Sed sobrios, y velad; porque vuestro adversario [...] como león rugiente, anda alrededor buscando a quien devorar"*.[51]

Como especialistas en personas, no deberíamos crear un entorno propenso a los atracos emocionales. Por favor, créeme, no sirve de nada provocar a los ladrones de felicidad solo porque quieras "alardear" o intentar inconscientemente borrar alguna frustración del pasado mostrando a otros lo que tienes ahora.

Estos ladrones de emoción son crueles y conocen tus debilidades. Viven de la tristeza, y tú estás buscando la felicidad.

Amigos, ¡esto es realmente serio!

Un tipo muy influyente en una ronda llena de personas importantes mencionó el nombre de un amigo mío, aunque era alguien estratégico. Captó mi atención de inmediato, y presté mucha atención a lo que todos estaban diciendo.

Ese hombre importante dijo: "¿Y qué hay de fulanito?", refiriéndose a mi amigo, "¿acaso no es un filántropo y religioso? ¡No lo entiendo! Publicó una fotografía vistiendo un cinturón Louis Vuitton y enseñando un automóvil con asientos rojos. Me apuesto algo a que era un Maserati".

La conversación cada vez se ponía más seria, y uno de ellos dijo: "Por eso yo le cerré la puerta en cierta ciudad". El hombre más influyente del grupo mordió el anzuelo y continuó: "¿Quieres vivir bajo la lluvia, hermano? ¡Pues te vas a mojar! Revisaré sus ingresos y verificaré si se puede permitir todo aquello de lo que está presumiendo".

¿Sabes cuál fue el único error de este amigo mío estratégico? Publicar una fotografía dentro de un automóvil, ¡llevando puesto un cinturón de marca! Él es un buen amigo, hombre de familia, y una persona muy buena. Aunque sin intención alguna, provocó a algunos ladrones de paz.

---

51. 1 Pedro 5:8.

Yo pasé por algo similar, pero en mi caso, yo mismo me convertí en un secuestrador de gozo. Nadie es inmune a los ataques de emociones tóxicas.

Un amigo mío publicó un libro y después puso un video en las redes sociales muy contento diciendo que había ganado un premio muy importante de su editorial. Como escritor consciente de todos los premios que se dan, cuando lo vi, empecé a criticarlo en mi mente: "¡Qué mentira! Los premios los dan las revistas de negocios, no las editoriales". Por si esto no fuera suficientemente malo, mi tensión interior seguía aumentando: "El tipo acaba de publicar el libro y ya está alardeando de ello". Y todavía fui a peor: comenzó a molestarme de tal forma, que le di al "dejar de seguir" en su Instagram.

Solo entonces recordé que ser un especialista en personas no significa ser perfecto o no sentir nunca cosas negativas, sino más bien IDENTIFICAR lo que está ocurriendo y abrir rápidamente la caja de herramientas para arreglar un problema.

Comencé a meditar en lo que estaba sintiendo, y me preguntaba si ese sentimiento negativo era algo real o el resultado de algunas tuercas sueltas en mis emociones.

Me considero una persona balanceada, pero nadie está libre de sentirse provocado. La manera en que se puso el comentario, el tema (de mi interés), y el momento por el que yo estaba pasando me llevó todo ello a reaccionar de forma negativa durante un par de minutos. Sin embargo, abrí mi "caja de herramientas" y comencé un trabajo interior con preguntas clave:

- ¿Quién soy yo?
- ¿Necesito sentir esto para demostrar quién soy?
- ¿Por qué me molesté tanto?
- ¿Estoy celoso, o realmente él exageró en lo que dijo?
- ¿Qué puedo hacer hoy para no sentirme así mañana?

+ ¿Depende mi felicidad de mis actitudes o de los comentarios de otros?

Esa persona tan especial y llena de talentos, sin saberlo, me estaba provocando y podía haber perdido mi amistad o incluso haberse ganado un enemigo si yo no hubiera usado mi caja de herramientas emocional.

Apreciado lector, ahora mismo, mientras escribo a solas y aprecio solo la compañía de mi bebida favorita, el café, me sigo preguntando: si yo, que me considero emocionalmente sano, estuve a punto de bloquear a mi amigo e incluso de hablar mal de él, según las estadísticas presentadas por Unicef en un estudio llevado a cabo principalmente por Jonathan Schaefer, ¿te imaginas cómo está reaccionando casi el 80 por ciento de la población mundial que tiene problemas emocionales?[52] ¿Queda aún alguna esperanza?

¿Cómo protegerte contra los secuestradores emocionales/ladrones de gozo?

Los especialistas en personas tienen que desarrollarse diariamente para estar protegidos contra los secuestradores emocionales y los ladrones de gozo. Por eso te presento ahora una lista de HERRAMIENTAS DE PROTECCIÓN.

HERRAMIENTAS DE PROTECCIÓN

Ten una identidad.

Me llamo Tiago da Costa Brunet. Nací en Corumbá, Mato grosso do Sul, porque mi papá, aún el típico ciudadano de Río de Janeiro, estaba sirviendo en la Marina Brasileña en la ciudad vecina de Corumbá, Ladário.

---

52. El estudio indica que, aunque el porcentaje diagnosticado es bruscamente menor, el número real de personas necesitadas de cuidado emocional es de cerca del 80% de la población mundial. Disponible en https://blogs.scientificamerican. com/observations/mental-illness-is-far-more-common-than-we-knew/ Consultado en línea 15 de julio de 2019.

Hoy día, con 38 años de edad, ayudo a millones de personas a través de videos en el Internet, eventos en directo, y libros. Soy un defensor constante de las causas sociales y educativas en Brasil y África.

Estoy casado con Jeanine, a quien amo y quien siempre ha cuidado de mí y de nuestros cuatro hijos. Somos padres de Julia, José, Joaquim y Jasmim. Y este es, para mí, el título más importante que tengo: padre. Esto me hace sentirme completo. Mis sueños se han cumplido todos ellos en mi familia.

Soy hijo de Dario y Fani, un pastor que tenía un llamado, pero que también trabajaba como militar, y una maestra de educación primaria que dejó su empleo para ocuparse de sus hijos. Ellos dos son mis mejores amigos hasta la fecha.

Tengo dos hermanos maravillosos, llenos de talentos y dones. De vez en cuando discutimos al mejor estilo "callejero", pero después, todo queda bien.

Soy pastor, educador, conferencista internacional, escritor y maestro de cursos en el Internet. Mi fruto se puede ver en mi familia; en el número de personas convertidas mensualmente al evangelio de Jesús, el cual predico; en mis redes sociales; en mi vida económica; y en mis amigos fieles y constantes, que he mantenido desde mi niñez.

Este es Tiago. Este soy yo. Sé quién soy.

¿Sabes por qué estoy diciéndote esto ahora? Porque cada día se nos desafía a que olvidemos quiénes somos debido a las provocaciones o las situaciones difíciles.

Hace mucho tiempo atrás, tuve que viajar con toda mi familia desde Brasil a los Estados Unidos, donde vivimos. Habíamos pasado nuestras vacaciones con los abuelos de nuestros hijos en Río de Janeiro, un tiempo muy especial con ellos.

En el avión, mi tercer hijo, Joaquim, comenzó a llorar sin parar. Era "un show", como solíamos decir. Entonces lo cargué en mis brazos y me fui al pasillo entre la clase turista y primera clase, donde había una especie de cocina y también baños. Estuve un par de minutos matando el tiempo con él, cuando encontré espacio suficiente para distraer a mi pequeño.

Entonces, un líder religioso salió de primera clase para ir al baño y me vio allí de pie. Sonrió, y sin saludarme, me preguntó: "¿Estás en clase turista? No te he visto en primera clase".

No sé si pretendía causar algún daño, pero me sentí como si me estuviera atacando. Protegí mi corazón y no permití que eso entrara y se apoderara de mis sentimientos. Tan solo respondí: "Mi familia y yo estamos ahí atrás, sí, pero sobreviviremos". Él sonrió y se fue.

Regresé a mi asiento de nuevo. Horas después, ya estaba estresado porque Joaquim no paraba de llorar y de gritar. Finalmente, el avión aterrizó, desembarcamos, y nos pusimos en la enorme fila de inmigración. El líder religioso y su esposa estaban justo delante de nosotros.

Para ponerme aún más nervioso, ella me miró de los pies a la cabeza y giró la cara.

Solo para que lo sepas, mi esposa y yo habíamos cenado con esa pareja algunas veces. Otras veces, di clases en la institución que él preside. Me preguntaba por qué todo ese menosprecio, pero antes de dar a luz a algún fantasma emocional, tan solo recordé quién soy.

¡Identidad!

"Me llamo Tiago, ayudo a las personas, no hago daño a nadie. Soy padre de cuatro hijos increíbles, estoy aquí con la persona que más amo: mi esposa. Pase lo que pase, no tiene que ver conmigo. Son ellos los que probablemente no estén bien".

Hice una oración allí mismo en la fila: "Señor, enséñame a temer tu nombre. Hazme humilde y siervo de todos. ¡Gracias, Espíritu Santo!".

En conclusión, con tan solo recordar quién soy y hacer una oración, mi corazón quedó protegido de un conflicto que podría arrastrar durante años.

Nunca reacciones en el momento del problema. Lo que la Biblia llama templanza, la inteligencia emocional y la ciencia lo llaman autocontrol. Esta es la herramienta más útil para usar en el momento que se está produciendo un problema.

Es más difícil hacer uso de ella cuando el ataque viene de un inevitable, porque trae consigo una carga emocional. Cuando alguien a quien no has visto nunca en la vida te insulta en medio del tráfico, te genera un impacto emocional; cuando es tu compañero de trabajo el que hace lo mismo, te genera un tsunami.

En ambas situaciones, reaccionar NUNCA es una opción. No hay registros históricos o estadísticas que demuestren que alguien hizo bien al reaccionar a una agresión de cualquier fuente.

"Bendecid a los que os maldicen, y orad por los que os calumnian. Al que te hiera en una mejilla, preséntale también la otra; y al que te quite la capa, ni aun la túnica le niegues".[53] Esto es lo que Jesús nos enseñó: presenta la otra mejilla al agresor. Me doy permiso de parafrasearlo también: orar por los que están inventando historias acerca de nosotros; parece una tontería, pero en verdad es una estrategia de guerra.

Cuando hablas bien de alguien que está diciendo cosas malas acerca de ti, o cuando presentas la otra mejilla, estás gritando para que todos escuchen: ¡NO VOY A REACCIONAR! Cuando hay una reacción a las provocaciones, se pierden las batallas. El que golpea también espera un contraataque. Sin contraataque, no hay guerra.

Cuando era pequeño, siempre que me quejaba por los problemas con mis hermanos, mi mamá me decía con afecto al oído: "Dos no discuten si uno no quiere".

---

53. Lucas 6:28-29.

SALTA A LOS EVITABLES, APOYA A LOS INEVITABLES

La sabiduría es una herramienta maravillosa. Mide lo que decimos, y nos hace pensar en lo que ni siquiera hemos pronunciado aún. La sabiduría es lo único que necesitas para saltar y apoyar a las personas.

Con sabiduría, aprendes a saltar a los ladrones de gozo que son tan solo piedras en tu camino. También es con sabiduría como consigues la capacidad de apoyar a los inevitables.

¿Cómo vivir rodeado de los inevitables que son ladrones de gozo?

Estos son algunos consejos preciosos:

1. Entiende que esa persona está emocionalmente enferma y, por lo tanto, no quiere alcanzar la paz.

2. Promueve un entorno de paz. Siempre que dependa de ti, las ofensas no deberían ser una opción.

3. Nunca pongas tu enfoque en el ladrón de gozo, sino en el plan divino que decidió que esa persona tenía que ser tu familiar, compañero de trabajo, o el tipo de inevitable que sea. Recuerda que Dios ya ha visto tu futuro y sabe que de algún modo necesitarás pasar por este proceso.

CUIDADO con las redes sociales Si algo te ha herido, no lo veas más.

Hace unos días atrás, estaba dando una clase a dos mil emprendedores y dije lo siguiente:

"No crean a las redes sociales, pues ni yo mismo he publicado nunca algo que sea real al 100 por ciento".

¡Todos se sorprendieron!

Continué con mi línea de pensamiento, diciendo:

"Amigos, yo nunca he publicado ninguna de las discusiones que he tenido con Jeanine, y solo pongo algo cuando estamos sonriendo o en un lugar bonito. Nunca he publicado fotos haciendo autostop en un automóvil viejo, pero cuando algún empresario envía un avión o un helicóptero a recogerme, publico historias fingiendo que así es mi día a día normal. Encojo el estómago, pongo filtros, y también sonrisas forzadas".

Y no me detuve ahí. Continué:

"Esto son las redes sociales. Fueron creadas para las apariencias, no para la realidad. ¿Cómo las siguen usando como un estándar de comparación? Nadie publica una factura pendiente, pero enseña un automóvil en el garaje. Nadie publica las 24 cuotas a pagar por el viaje, pero no nos faltan fotos tomadas en la Torre Eiffel de París".

Por lo tanto, la herramienta es esta: si algo TE hace daño, DEJA de verlo. DEJA DE SEGUIRLO. Tan solo "olvídalo". Sé selectivo con el tipo de personas a las que sigues, con el tipo de temas que buscas, y con el tipo de tiempo que le dedicas.

EVOLUCIONA ESPIRITUALMENTE

Esta es una herramienta realmente importante: crecer en la vida espiritual.

Gratitud; servir a los que nunca serán capaces de darte nada a cambio; amar a los que ni siquiera les caes bien. Todos estos son atributos espirituales.

Evolucionar como un ser espiritual no tiene nada que ver con asistir a la iglesia o participar de clases sobre la espiritualidad. Este desarrollo está mucho más conectado con magnificar los atributos que solo quienes decidieron fortalecer el espíritu y debilitar la carne pueden entender.

Y es en este momento cuando te sugiero que estudies sobre el cristianismo. Nació como una religión procedente de las enseñanzas de Jesucristo; sin embargo, en la actualidad está arraigada en la sociedad como un estilo de vida. Jesús enseñó los puntos cruciales para una vida espiritual saludable: amar, perdonar, arrepentirnos y servir.

Todo el que esté interesado en lo que la sabiduría bíblica llama "obras de la carne", que básicamente son: prostitución, egoísmo, rivalidades, borracheras, enemistades, etc., puede que nunca entienda la importancia de ser agradecido, servir a los más bajos, y amar a quienes nos persiguen.

Para terminar este capítulo, piensa en lo siguiente:

Los ladrones de felicidad están ahí afuera, pero hay personas que pasaron toda su vida en comunidades llenas de vulnerabilidades y nunca fueron afligidos.

PREGUNTAS Y RESPUESTAS

1. *Tiago, tomé el curso "Sé un especialista en personas", y mi vida ha cambiado mucho y también mis relaciones. Una duda que aún tengo es que mi mamá está de algún modo entre los ladrones de gozo neuróticos e indiferentes; ella insiste en darme malas noticias para arruinar mi semana, y hace todo lo posible por hacerme infeliz. ¿Cómo debería reaccionar a esto?*

Bueno, P., en este capítulo hemos hablado de ello. Los inevitables, al revelarse como ladrones de gozo. nos hacen sufrir mucho, particularmente quienes deberían ser la razón de nuestro gozo.

La compasión, que es la evolución de la empatía, es lo que se debe usar en estos casos. Los padres, por muy malos que parezcan, no hacen estas cosas con la intención real de herir por herir (con pocas excepciones). En general, creen que están protegiendo a sus hijos, o simplemente están transfiriéndote sus frustraciones y su dolor.

Te aconsejo que uses la herramienta de la evolución espiritual: intentar servir y amar a los que están junto a ti, ofreciéndote siempre a perdonar lo más rápido que puedas. Además, recuerda no contar los detalles de tu vida, salvo los que sean extremadamente necesarios para la coexistencia, para que haya menos "robo de gozo".

CONCLUSIÓN

En el mundo ideal, todas las personas viven felices y agradecidas por todo lo que poseen. Sin embargo, en el mundo real no sucede eso, y muchas personas se complacen en matar tu gozo y complicarte el día. Son como verdaderas piedras en el camino.

Por lo tanto, en este capítulo has aprendido a lidiar con estos ladrones de gozo, reforzando que nosotros también tenemos que aprender a tener una mejor percepción de nuestra realidad.

Después te presenté los tipos de ladrones de felicidad: el indiferente, el intencional y el neurótico.

Además, reforzamos que las apariencias pueden ser engañosas, y deberíamos tener cuidado de no provocar a los ladrones de felicidad.

Concluimos el capítulo con herramientas de protección que escudan nuestra vida contra los secuestradores de gozo: tener una identidad; no reaccionar nunca en el momento del problema; saltar a los evitables y apoyar a los inevitables; tener cuidado con las redes sociales, dejando de ver lo que nos hace daño; e intentar evolucionar espiritualmente.

> **"Algunas personas intentarán recordar su pasado porque no están sabiendo lidiar con su futuro".**

Capítulo 6

LA SENDA DE LA VIDA

Vivir es como ir por una senda. La vida es como un camino, pero no siempre con señales. Comienzas a recorrerla cuando nadie ni siquiera se habría fijado en ti: ¡en el momento de tu concepción!

Desde el momento que entraste en este viaje de la existencia, has recorrido tu senda personal. Solo cuando dejes esta tierra, se terminará la carrera.

Recuerdo la primera vez que caminé por la Vía Dolorosa, en Jerusalén. Los arqueólogos franciscanos calculan que la ruta completa de Jesús fue de solo 600 metros.[54] El camino que recorren los peregrinos empieza cerca de la Puerta del León, una de las principales entradas de la Ciudad Vieja, y termina en el Santo Sepulcro, el lugar que la iglesia católica afirma ser la tumba de Jesús antes de la resurrección.

Este camino tiene catorce paradas o estaciones, como las llaman los historiadores. Cada una relata una parte de lo que vivió el Maestro en esta última etapa antes de la crucifixión. Los guías judíos dicen que

---

54. Visita la información disponible en https://www.abiblia.org/ver.php?id=7878. Consultado en línea 10 de agosto de 2019.

fue en las estaciones tercera y séptima donde Jesús se cayó cuando no podía soportar el peso de la cruz, y donde le ayudó Simón de Cirene. (Incluso Jesús, al que los cristianos consideramos el Hijo de Dios, necesitó un hombre humano en el que apoyarse. Imagínate nosotros, ¡que somos meros mortales!).

Igual que Jesús recorrió este camino después de su condena a muerte, la Vía Dolorosa (usaré la metáfora de una senda para que entiendas mejor el mensaje que te hará descubrir la etapa de la vida en la que estás tú y también algunos a tu alrededor), te llevarás bien contigo mismo y con otros si entiendes estos procesos y ciclos de la vida.

¡Vamos!

¿Quién no ha tomado nunca una carretera para viajar? En las carreteras hay paradas durante el camino; tienes sed o quieres ir al baño, o queda poco combustible, así que ves una gasolinera y decides hacer un descansito, ¿verdad?

Hay varias situaciones a lo largo de la ruta que pueden hacer que nos detengamos, que frenemos o aceleremos hacia el destino planeado.

Es enriquecedor cuando descubres en qué parte del camino de la vida te encuentras ahora. Realmente necesitas saberlo, porque estar seguro de la etapa en la que estás te ayuda a lidiar contigo mismo y con los que te rodean.

Recuerda: ¡solo cambias lo que eres capaz de identificar! Por lo tanto, es fundamental que te sitúes, identifiques tu etapa presente, y avances en caso de que sea necesario.

Hazte estas preguntas:

- ¿Estoy aún al principio de todo lo que tengo que vivir?
- ¿Estoy a la mitad?
- ¿Todavía queda tiempo para recalcular la ruta si es necesario?
- ¿Tengo la fuerza y la ayuda necesarias para terminar la carrera?

✦ ¿Sé cuál es el final de esta senda?

Basado en cientos de visitas como coach de vida, pastor, y mentor de personas estratégicas en la sociedad, entendí que la vida está hecha de etapas y procesos. No hay éxito sin hacer frente a esas etapas.

Aunque digas que tu vida o tu historia es muy diferente, y esto sirve para todo, cada persona pasará por estas seis etapas que te presentaré en este capítulo.

Cada día, mi equipo y yo recibimos gritos de ayuda como los siguientes: "Tiago, me siento totalmente bloqueado". "Doy pasos muy pequeños". "No consigo dar el paso que debería dar". La mayoría de las personas me escriben diciendo que se sienten "atascadas", como si estuvieran cargando una gran piedra. Algunos ni siquiera saben cómo identificar esa carga; otros la relacionan con los problemas humanos más variados. Los que son capaces de asociar el hecho de que están atascados con alguna dificultad específica dicen que se debe a que fueron despedidos de su trabajo, o tuvieron un problema en su infancia, o son mujeres abandonadas por sus esposos, entre otras situaciones. Algunas personas también dicen que han estado tan solo sobreviviendo durante mucho tiempo, pero que no han estado viviendo en realidad.

Si te identificaste con alguno de estos problemas, es muy importante que prestes mucha atención a las siguientes líneas, porque, como dije antes, la vida es una senda y es vital saber en qué punto de la senda estás, para que no te quedes eternamente atado a una "parada".

Para dejar realmente clara la importancia de lo que te mostraré a continuación, antes de llegar a la fase 1 has de saber que todo lo que compartiré en este capítulo está basado en mucho estudio e investigación.

Además, vale la pena recordar que, durante los últimos trece años, he trabajado como pastor ayudando a diversos tipos de personas. También fui empresario en el pasado, cuando aprendí que cada persona actúa contigo según la etapa de la vida en la que ambos están.

Fui ordenado para el ministerio pastoral hace trece años atrás, y durante los últimos cuatro años he trabajado como coach de vida y empresas, cuando ya no estaba pastoreando ninguna iglesia. La experiencia tanto de pastor como de coach de vida y empresa ayudando a celebridades, jugadores de fútbol y grandes empresarios de la nación, me ha traído hasta aquí para compartir contigo lo que he aprendido durante todo este tiempo.

Por encima de todo, Dios escuchó la oración que he hecho desde que era un adolescente:

Señor, dame sabiduría.

Creo que he crecido en eso desde entonces.[55]

> ## COBARDE ES QUIEN NO ABRE NUEVOS CAMINOS EN LA VIDA, NI EMPLEA SUS FORTALEZAS PARA ENFRENTAR LOS OBSTÁCULOS DE ESTA SENDA.
> ### TEXTOS JUDÍOS

El libro de sabiduría antigua nos dice que fue en el camino de Damasco donde Saulo, el famoso personaje bíblico, tuvo un encuentro

---

55. El periodista Airton Ortiz tiene un dicho famoso: "somos el resultado de los libros que leemos, los viajes que hacemos, y las personas que amamos". Siguiendo esta cita, te explicaré un poco acerca de la teoría que presentaré en este capítulo. Durante toda mi vida he leído mucho sobre diversos temas, entre ellos, relaciones interpersonales, desarrollo de la infancia, formación del carácter, autoconocimiento, desarrollo humano, teología, psicología, conducta de hombres y mujeres, influencia, persuasión, etc. Además, como ya he mencionado previamente en este libro, me encanta conocer nuevos lugares, culturas y características no solo del entorno, sino principalmente de las personas. Añado a esto el hecho de que soy pastor, consejero y coach el tiempo suficiente para haber tenido miles de visitas en mi CV.

Lo que quiero dejar claro con esto es que la teoría de la senda de la vida la he desarrollado en base a todo esto. Es imposible desasociar una cosa de otra y señalar, por ejemplo, un solo terreno para cada una de las etapas del camino. Por lo tanto, leerás en este capítulo un resumen de todo lo que he aprendido durante décadas, ¡caminando en mi propia senda de la vida!

con Jesús ya resucitado y fue transformado en Pablo, el apóstol, y después comenzó la siguiente fase de su vida.[56]

Antes, él perseguía a los cristianos; después, se convirtió él mismo en uno de los principales predicadores del evangelio de todos los tiempos. La senda de la vida nos ofrece experiencias que alinean nuestro propósito con nuestro destino.

Comencemos. Para ser un especialista en personas, tendrás que entender mucho más sobre ti mismo.

FASE 1: APRENDIZAJE Y MODELAJE

Es aquí, en esta fase, donde nacen tanto tu idea como tu interpretación de las personas. Tu manera de ver las relaciones surge precisamente en este periodo. La infancia nos moldea, ¡créeme!

Esto es para ti y para todas las personas con las que vives. Recuerda siempre esto.

Esta es la primera fase de la vida para cualquiera, sea rico, pobre, cristiano, musulmán, judío, gordo, delgado, japonés, blanco o negro, no importa. La Fase 1 de la senda de la vida es aprendizaje y modelaje.

"Tiago, ¿qué significa eso? No lo entiendo", quizá te preguntas.

Entonces, permíteme explicártelo: en los primeros años de tu vida aprendes cosas que determinarán cómo lidiarás con este paso por la tierra, y modelarás las cosas positivas y las negativas.

Aprender, así como modelar, puede ser una bendición o una maldición.

Veamos algunos ejemplos: quizá tuviste un tío como modelo a seguir cuando eras pequeño. Pero él era "inteligente", y eso terminó convirtiéndose en una referencia negativa para ti. Quizá tu modelo se ha formado en base a un papá proveedor, pero violento, que pegaba a tu mamá. O tal vez tuviste un primo como modelo a seguir, siempre

---

56. El texto que presenta la transformación de Saulo en Pablo está registrado en Hechos 9.

alegre y divertido, pero que le gustaba hablar mal de las personas cuando no estaban delante.

Por lo tanto, tenemos modelos buenos y también malos; aprendizajes buenos y positivos, y también malos y negativos. Así que es realmente importante saber que estás modelando tu vida y aplicando tu conocimiento a través de la conducta, mediante las cosas que dices, y las personas con las que vas debido a los primeros años en esta senda de la vida.

> **UNA COSA ES CIERTA:**
> **HAS PASADO POR UN MODELAJE Y APRENDIZAJE.**
> **OTRA COSA ESTÁ GARANTIZADA: ¡LAS PERSONAS QUE**
> **INFLUYERON EN TI NO ERAN PERFECTAS!**

Tu infancia y el comienzo de tu adolescencia fueron los periodos en los que aprendiste cosas como el amor y el odio, el respeto y la rebelión, el honor y la revuelta. Y modelaste todo esto al vivir con personas.

Entiende que muchas personas que te rodean hoy, a quienes consideras complicadas y difíciles de tratar, tuvieron una infancia dura, o malos aprendizajes y modelos a seguir. Esa es la razón exacta por la que muchos (por ejemplo, los que tienen una seria desviación de la conducta sexual, siendo extremadamente retraídos o muy "agitados" en esta área), por lo general, tienen episodios correspondientes que les marcaron cuando estudiamos su infancia (retomando el ejemplo: abuso sexual, exposición a la pornografía, o acceso temprano a contactos físicos).

Una vez ayudé a un hombre que, cuando tenía 8 años, su papá ya le había llevado a burdeles. Por si eso no fuera malo, su papá le obligaba a prostituirse incluso de niño. Aunque esta actitud no es entendible, eso se convirtió en una referencia para él. Durante su vida adulta comenzó a tener muchos problemas, incluyendo la forma en que trataba a las mujeres, ya que lo que había aprendido inconscientemente era realmente malo. No era decisión suya, sino algo inconsciente.

Y lo que aprendió era que las mujeres eran para usarlas. Así, muchas personas se portan mal contigo hoy NO porque sean malos, pero SÍ debido al estándar de aprendizaje y modelaje que recibieron en su infancia y comienzo de la adolescencia que les convirtió en lo que son en el presente.

Por eso, el libro de sabiduría antigua dice: *"no juzguéis, para que no seáis juzgados"*.[57] No conocemos su pasado, ni cómo se ha construido ese estándar o modelaje. A veces incluso conocemos sus historias, pero es imposible saber el grado de su angustia. Por lo tanto, es realmente importante practicar la sabiduría antigua: no juzgues, o tú también serás juzgado. ¿Por qué? Porque cada persona tiene un patrón de aprendizaje y modelaje, cada individuo ha pasado por experiencias distintas.

Hay personas que pasaron su infancia sin ningún problema financiero, comiendo lo que querían, y con acceso a vacaciones; otros tuvieron que empezar a trabajar a la edad de 8 años para poder comer y ayudar al resto de su familia. Así, está claro que el aprendizaje y modelaje de los que comenzaron a trabajar a los 8 años es distinto al aprendizaje y modelaje de los que siempre lo tuvieron todo.

El adulto de hoy, el "tú" de hoy, es el resultado de la fase 1 de la senda de la vida: aprendizaje y modelaje. Esto incluye lo que te dijeron en la infancia, las experiencias que tuviste, las cosas que viste y oíste, todas las cosas que te moldean y se convierten en conocimiento positivo o negativo para ti. Este es el comienzo de nuestra vida.

Las personas toman decisiones en la senda de la vida según el modelaje y el aprendizaje que tuvieron: ¿me detengo o continúo? ¿Me caso con esta persona, o con esta otra? ¿Gasto o ahorro? ¿Disfruto de este momento o pospongo el placer? La respuesta a cada una de

---

57. Mateo 7:1.

estas preguntas y a todas las demás preguntas de la vida se elige por la influencia que has recibido: aprender y modelar.

Muchos hoy día están sufriendo emocionalmente, financieramente, o en alguna otra área por falta de modelaje y conocimiento durante su infancia. Esa persona es totalmente ignorante por lo que respecta al destino, toma de decisiones, y escoger personas y amigos.

La primera fase de la vida es aprendizaje y modelaje. Aunque no hayas escogido quién ha sido tu modelo a seguir, por fortuna o por voluntad de Dios, u otra cosa, si tus padres se equivocaron contigo, no importa cómo quieras abordar esta situación, has aprendido y modelado cosas.

Después, ¿cuál es la segunda fase? Ahora las decisiones comienzan a depender más de ti. Muchas de ellas son exclusivamente tuyas. Tú empezaste a vivir la vida, y esa es la fase de la adolescencia seguida de la juventud. Eres tú el que escogerá ir o no a la universidad, encontrar un empleo, alguien con quien casarte; es decir, comenzarás tu propia vida. La segunda fase de la senda de la vida sigue estando muy relacionada con la primera. El segundo punto de esta senda de la vida, la siguiente "parada de autobús", es este: intentos y frustraciones.

> ## "LA VIDA ES COMO UNA BICICLETA.
> ## PARA MANTENER EL EQUILIBRIO BASTA CON ESTAR
> ## SIEMPRE EN MOVIMIENTO".
> ## ALBERT EINSTEIN

FASE 2: INTENTOS Y FRUSTRACIONES

Recuerdo que decidí ser emprendedor cuando tenía 22 años. No quería sufrir algunas dificultades graves que ya había sufrido en el pasado, ni quería depender de nadie. Debido a mis modelos de la infancia y mi aprendizaje inconsciente durante mi niñez y adolescencia, me dije a mí mismo que quería ser empresario. Tuve eso en mente y me dispuse a intentar serlo.

Así que presta atención: intento y frustración es una fase siguiente a la de modelaje y aprendizaje. Ahora bien, sobre la base de lo que aprendiste y de tus modelos a seguir, intentarás cosas en la vida en el campo profesional, en el amor, en los negocios, en las relaciones. Haces intentos, aunque no tienes ni la más mínima idea de si realmente es eso lo que quieres.

La mayoría de las personas hoy día no saben muy bien lo que quieren exactamente. Quizá hablas con alguien que está haciendo exámenes para ser veterinario solo porque le gustan los animales, pero no está seguro de si eso es realmente lo que quiere. Hay personas que, en el día de su boda, no saben responder "sí" o "no" si les preguntas si están seguros de lo que están haciendo.

Las personas no están seguras de qué hacer porque la fase 2, de intento y frustración, es un tiempo de incertidumbres. Coincide con el final de la adolescencia y el comienzo de la vida adulta. Es en esta fase donde siempre intentarán, porque en la vida no te puedes quedar quieto. En medio de todos los intentos, habrá errores y frustraciones.

Te equivocas, otros también se equivocan contigo, y esto genera frustraciones.

Yo mismo he llevado a cabo muchos intentos que me llevaron a la frustración. Uno de ellos fue cuando comencé una empresa y tuve varios resultados que consideraba positivos. Sin embargo, tarde o temprano llegaría la frustración.

Por lo tanto, aprendizaje y modelaje están dentro de la primera fase de la vida, mientras que intentos y frustraciones están en la segunda.

Quizá estás quebrado, frustrado, en el pozo, o tal vez simplemente quieres algo nuevo, estudiar, tener experiencias con Dios, y este punto de nuevas decisiones después de tantas frustraciones en la vida es lo que generará el encuentro con tu propósito.

TU FRUSTRACIÓN PUEDE LLEVARTE A TOMAR DECISIONES QUE GENERARÁN UN ENCUENTRO CON TU PROPÓSITO.

Toma nota de esto, porque la fase 2 de la senda de la vida empezará aquí. El camino de la vida comenzó oficialmente cuando saliste del vientre de tu madre.[58] En los primeros segundos, entraste en la fase de aprendizaje y modelaje inconsciente. No escogiste lo que aprender ni tus modelos a seguir, pues eso sencillamente te sucedió y te hicieron ser quien eres, principalmente en la fase de la adolescencia.

En la fase 2, de intento y frustración, intentas casarte, intentas abrir un negocio, intentas ir a la universidad, y pasas por muchas frustraciones hasta que llega un momento de vida, quizá a los 30, 40 o 50 años de edad, en el que dices: "No puedo soportar más este sufrimiento, no puedo soportar intentarlo y seguir frustrado". Este ciclo de intentos y frustraciones te lleva a invertir más tiempo con Dios o en los estudios, ¡haciendo que encuentres tu propósito! Y, cuando lo encuentras, ¡sin duda que empieza la fase 2!

Escucha la voz de la experiencia: yo he pasado por todo eso, tuve mi parte de cosas malas y negativas que me modelaron, y esas experiencias que tuve en mi pasado me permiten compartir contigo un poco de lo que he aprendido con todo lo que pasé y superé. Hay muchas personas que piensan que toda mi vida fue siempre buena; por el contrario, ¡fue bastante traumática!

En cuanto entré en la fase de intentos y frustraciones, quebró mi empresa y lo perdí casi todo. Lo único que no perdí fue a mi familia, pero casi destruyó mi matrimonio. Quebré económicamente y quebré emocionalmente. Fue terrible. Y fue en esta fase en la que toqué fondo donde encontré mi propósito y entré en la segunda fase de la vida.

---

58. Aunque creo que la vida comienza en la concepción, es en el momento de nacer cuando una persona es considerada como tal. Antes, está en formación.

HAY DOS COSAS BUENAS AL TOCAR FONDO:
1. NO PUEDES SEGUIR BAJANDO
2. EL ÚNICO LUGAR DONDE PUEDES MIRAR
ES HACIA ARRIBA.

En mi caso, descubrí que mi propósito en la vida era formar y entrenar personas. Nací para eso. Por lo tanto, ¿cuál era el sentido de tener una empresa de turismo? ¿Qué sentido tenía haber trabajado con música? Por supuesto, esas experiencias me hicieron crecer mucho y me ayudaron a edificar quién soy en el presente. El trabajo con la música me enseñó a tratar con las personas y hacer negocios, por ejemplo, mientras que en el turismo llevaba a grandes líderes a Israel y aprendía a lidiar con estas personas importantes. Aprendí mucho con todo eso, y no menosprecio toda la experiencia que obtuve de esas actividades; pero, por otro lado, mi demora en entender mi propósito también me dejó frustrado. Eso ocurre cuando no se encuentra el propósito. Por supuesto, las frustraciones también me hicieron obtener un conocimiento que ahora comparto. Nada es por casualidad. Sin embargo, podía haber aprendido de otras maneras sin tanta frustración.

Cuando finalmente entré en la segunda fase de la vida, donde descubrí que mi misión era entrenar personas, surgió una gran pregunta: "¿Cómo lo haré? No tengo formación académica ni conocimiento para ello".

Lo único que tenía era la voluntad de hacerlo y una confirmación divina dentro de mí. Sin embargo, no tenía los medios para hacerlo. Así que tomé los pocos recursos económicos que tenía y decidí invertirlo todo en lo que creía que sería mi propósito en la vida.

Además, el reino de los cielos es semejante a un tesoro escondido en un campo, el cual un hombre halla, y lo esconde de nuevo; y gozoso por ello va y vende todo lo que tiene, y compra aquel campo.[59]

59. Mateo 13:44.

Para encontrar tu propósito sé firme, véndelo todo, inviértete en ello en cuerpo y alma, pensamiento y materia, porque tu propósito llevará tu vida a un nuevo nivel.

LAS PERSONAS SON ASÍ

En la película *Toy Story 4*, de Disney Pixar, aparece un nuevo personaje para hacer compañía a Woody y su pandilla: Forky. Bonnie creó a Forky en el kínder usando material reciclado. Cuando llegó para estar con los otros juguetes, Forky tenía la plena convicción de que solamente era un artículo desechable y, como tal, tenía que estar en la basura.

El Sheriff Woody pasa parte de la historia aconsejando a Forky que acepte su condición de juguete, cuyo destino es vivir aventuras con su dueña, Bonnie, y el resto del grupo. Sin embargo, fue en vano. Si veía un bote de basura, gritaba a pleno pulmón: "¡basura, basura, basura!" y se arrojaba a la suciedad. Y ahí estaba nuestro héroe que nunca se rinde con sus amigos, el Sheriff Woody, para rescatarlo.

Pero, un día, Forky es hecho rehén de un malvado juguete y llega a entender cada palabra y gesto de Woody. Cuando finalmente entiende su propósito y comienza a luchar por él, ¡Forky es transformado!

Las personas son así: mientras no encuentran o aceptan su propósito, siguen luchando en intentos y frustraciones. Sin embargo, no te rindas con ellas. Algún día, cada palabra comenzará a tener sentido y cumplirán su propósito en la vida.

FASE 3: DESCUBRIMIENTO DEL PROPÓSITO

¡Aquí todo cambia!

Hay personas que tienen más de 50 años, pero aún están en la fase 2, la de intentos y frustraciones. Lo que distingue a una persona en la fase 2 de los que llegan con éxito al final de la senda de su vida es el descubrimiento de su propósito en la vida. Es con este descubrimiento cuando empiezas un proceso de cometer menos errores, escuchar más, adquirir más sabiduría, y enfocarte solamente en aquello para lo que naciste.

Mi trabajo es entrenar personas. Mi identidad está clara. Ya sé quién soy y lo que tengo que hacer. Con esto, la vida empieza a ser mucho más fácil.

+ ¿Aceptar o negar una propuesta?

+ ¿Con quien debería ir y de quién debería alejarme?

+ ¿Cuál es el siguiente paso?

Estas decisiones y otras son posibles porque conozco el propósito de Dios para mi vida.

Como dije en el Capítulo 1 de mi libro *12 días para actualizar su vida*,[60] hay muchas maneras de acercarse a este descubrimiento. Te aconsejo que leas este libro también, pues te ayudará en este proceso de búsqueda.

Un punto esencial del que hablo en el capítulo mencionado es el de la Idea Central Permanente (ICP) que gobierna tu vida. Todos tus proyectos, títulos y sueños giran en torno a una idea central que nace contigo, y que no necesariamente dejará de existir cuando mueras. La idea central permanente de Martin Luther King Jr., por ejemplo, fue la igualdad social y racial. Esta idea nació con él y continuó resonando incluso después de su muerte.

Encuentra tus habilidades y lo que te enoja, analiza lo que dices y lo que la gente quiere oír, enfrenta tus procesos en la vida, y estarás de camino hacia desenmarañar tu propósito.

Ahora revelaré una herramienta que uso cuando ayudo a celebridades que, a pesar de su éxito, se sienten vacíos porque no conocen su propósito:

60. BRUNET, Tiago. *12 días para actualizar tu vida*. Whitaker House, 2016.

Lo que quiero hacer

Lo que el mundo necesita   Propósito   Lo que la gente
                                                     quiere de mí

Cuál es mi audiencia

Este ejercicio me ha situado en el camino correcto durante algún tiempo ya.

Veamos lo siguiente:

- ✦ Yo quería ser conocido como escritor;

- ✦ La gente me veía como pastor/mentor;

- ✦ El mundo necesitaba instrucción y conocimiento;

- ✦ Mi audiencia era cristiana en un 70 por ciento (católicos y evangélicos); y el otro 30 por ciento eran personas sin religión, pero que buscaban un desarrollo personal mediante instrucciones bíblicas.

Estaba claro que mi propósito sería la suma de mi destino profético (lo que Dios planeó para mí) y mis habilidades naturales (dones y talentos). El resultado de eso seleccionaría la audiencia que se detendría a escucharme.

Por lo tanto, aplicando esta herramienta a mí mismo, descubrí que debía reducir la energía y la inversión económica que estaba destinando a ser escritor cuando mis resultados llegaron de lo que la gente esperaba de mí: conferencias y sermones.

Observa que no dejé de producir contenido editorial. Me tomó casi todo un año escribir este libro, por ejemplo. Sin embargo, sí, reubiqué mis prioridades.

El mundo necesitaba lo que yo tenía para dar, y tenía que alinear todo eso con el tipo de audiencia que quería escucharme. Fue entonces cuando reforcé públicamente mi imagen como la de un mentor espiritual que entrena personas para que alcancen su mejor vida.

Reorganicé mi tiempo y mis inversiones, priorizando la producción y anunciando videos en el Internet, y dejando los libros en un segundo plano aunque escribir es vital para mi satisfacción personal y mi propósito.

Por lo tanto, ¡comencé a vivir mi destino intensamente!

Cuando descubres tu propósito en la vida, no significa que ahora estés preparado para actuar. De hecho, la mayoría de las personas no saben qué hacer y cómo usar el propósito que acaban de descubrir. Por eso la fase 4, que veremos ahora, es tan importante.

FASE 4: MEJORA Y ENTRENAMIENTO

Cuando descubrí mi propósito, comencé a caminar con personas que ya tenían lo que yo quería hacer, para poder aprender cómo hacerlo. También empecé a leer de cinco a diez libros al mes, muchos de ellos sobre temas relacionados con la inteligencia emocional, el coaching y el liderazgo. Además, comencé a invertir en cursos, incluso con pocos recursos, porque había dejado atrás mi quiebra emocional y económica, y salía a comer con personas que sabían más que yo, solo para aprender de esos encuentros. Es posible encontrar modelos a seguir incluso cuando eres adulto. La conducta que te dirige al éxito es un ejemplo de eso. Si replicas la forma en que se comportan las personas exitosas, tendrás más probabilidades de alcanzar el éxito.

Por lo tanto, la fase 4 de la senda de la vida es mejora y entrenamiento. Repasemos los puntos que hemos visto hasta ahora:

- La senda de la vida comienza con el aprendizaje y el modelaje, cuando aprendemos muchas cosas y somos moldeados por las personas, todo esto de modo consciente.

- Después, hay intentos y frustraciones, cuando experimentamos muchas cosas y cometemos muchos errores.

- Entonces entramos en la fase de descubrimiento de nuestro propósito en la vida, cuando comenzamos a vivir según nuestra verdad. Hasta entonces, estábamos intentando vivir la vida de otra persona.

Ahora, con nuestro propósito identificado, lanzamos la fase 4, de mejora y entrenamiento. En esta fase tendrás que pagar el precio de ser pulido y remodelado. No es fácil, pero este es el camino que debes seguir para prosperar y vivir una vida relevante.

La mejora también se debe dar en la conducta. Yo, por ejemplo, no podía comportarme solamente como si quisiera ser un entrenador de personas. Tenía que vestirme de otra manera, hablar de otra manera, y conversar de otra manera. Así que tuve que mejorar no solo mi conocimiento, sino también mi conducta en general. Cuando aprendí y cambié mi conducta, comencé la fase 5 del camino: alineamiento de la comunicación.

Apreciado lector, confía en mí, pues esta fase también es vital para hacerte un especialista en personas, para entenderte a ti mismo y a los demás. A fin de cuentas, las personas nos interpretan según lo que expresamos. Veremos esto en la fase 5.

Aún hablando de la importancia de recibir entrenamiento, tengo un ejemplo que presento en algunas de mis conferencias con respecto al emprendimiento y la espiritualidad. Es una pregunta sobre la seguridad:

"Si fueras millonario y tuvieras que contratar a un guardaespaldas para tu hijo, ¿invitarías a un miembro de los SWAT o a un soldado común del escuadrón?".

La mayoría responde: "A un SWAT, ¡por supuesto!". Entonces continúo: "Y ¿cuál es la diferencia entre ellos?". Todos gritan: "¡EL ENTRENAMIENTO!".

Sí, siempre repito esta frase:

Invierte más en aprender, ser modelado, crecer por dentro. ¡Esto debe ser prioritario! Busca esto más que cualquier otra cosa. Tu nivel de entrenamiento te llevará a que te escoja tu audiencia, y te permitirá soportar los tiempos difíciles.

EL NIVEL DE ENTRENAMIENTO DETERMINA EL RANGO DE TU INFLUENCIA.

Entiende que esta inversión no solo es económica. Deberías invertir tiempo en personas que ahora sean modelos a seguir para ti. También deberías invertir en conocimiento y estar al día, ¡porque hay mucho conocimiento gratuito de gran calidad!

Ahora bien, si eres una persona entrenada que lees libros y haces el esfuerzo de desarrollar tu inteligencia y tus capacidades, pero estás casado con alguien que se conforma con cualquier cosa, que no sueña y es pesimista, puede que haya un conflicto en tu 2 en 1.

Presta atención a esto: por lo general, descubrimos que el cónyuge no nos ama, que él o ella no es bueno o buena, que no cuida de nosotros, etc. Sin embargo, estás viviendo la fase de entrenamiento y mejora, y quizá tu cónyuge ni siquiera ha encontrado aún su propósito en la vida.

No juzgues, ¡AYUDA!

EN LA SENDA DE LA VIDA, VALORA A LOS QUE HACEN QUE TU CAMINAR SEA MÁS FÁCIL.

FASE 5: ALINEAMIENTO DE LA COMUNICACIÓN

¿Qué caso tiene encontrar mi propósito en la vida y entrenarme para ello si no puedo explicárselo a la gente? En la actualidad, ¡eres lo que tus redes sociales dicen de ti! Por lo tanto, el alineamiento de la comunicación tiene que ver con las redes sociales, lo que publicas y con quién lo publicas; lo que vistes y dices también son aspectos muy importantes. Toda comunicación debe estar alineada: tu manera de vestir y de hablar, publicaciones, y contenido de las asociaciones (como puedes ver en el Capítulo 1).

Supongamos que hoy he ido a jugar al fútbol. No tengo que hacerme una foto y publicarla porque, si juego o no, eso no interfiere directamente en mi propósito en la vida.

Por lo tanto, si transmito información que no está alineada con mi propósito en la vida, termino confundiendo a las personas que me siguen, y puede que dejen de hacerlo.

Todo lo que publicas en tus redes sociales define quién eres y selecciona a tu audiencia.

Experimento eso todos los días. A veces estoy en un buen restaurante cenando con alguien famoso y tomo una foto, pero cuando estoy a punto de publicarla, pienso: "¿Qué va a añadir esto a la vida de mis seguidores? ¿Aprenderán algo con ello, o solo quiero alardear de que estoy viviendo un buen momento?".

TODO LO QUE HACES TRANSMITE ALGO. ¡CUIDADO CON ESO!

Sigue conmigo: "¿cómo ves a Tiago Brunet hoy?". Probablemente responderás: "Ah, es un tipo sabio, ayuda a las personas, predica bien, es un emprendedor, un hombre de familia, una inspiración". (No tengo la intención de parecer arrogante, pero escojo estas cualidades porque son el tipo de definiciones que recibo diariamente en las redes sociales).

Me ves como un hombre de familia. Pero ¿cómo me verías si publicara fotografías con una camisa desabrochada en un automóvil deportivo?

Me ves como un emprendedor. Pero ¿cómo me verías si tuviera problemas económicos?

Me ves como un hombre sabio. Pero ¿cómo me verías si siguiera "peleándome" con los *haters* en el Internet?

Si hiciera esas cosas, ¿cuánto tardarías en cambiar de idea con respeto a mí?

Lee esta conocida historia:

Solía tener lugar en la casa de Julio César, el 1 de mayo del año 62 a.C., la fiesta de la Bona Dea (diosa del bien). Era una orgía reservada solo para mujeres. La celebración la organizaba Pompeia Sula, la segunda esposa de Julio César. Los registros históricos dicen que ella era una mujer joven y muy hermosa.

Cierto joven, rico y osado que se enamoró de Pompeia, Publius Clodius, se disfrazó de instrumentista de lira para poder ir a la fiesta y estar cerca de su amada.

Sin embargo, Aurelia, la madre de Julio César, descubrió el disfraz a tiempo para evitar cualquier tipo de relación íntima entre ellos.

El mismo día, todos los romanos se enteraron de lo sucedido, y César decretó su divorcio de Pompeia.

César fue llamado a testificar contra Publius Clodius, pero dijo que no tenía nada contra él. Eso causó un asombro general entre los senadores: "Entonces ¿por qué se divorció de su esposa?". La respuesta se hizo famosa: "La esposa de Julio César debe estar libre de sospecha".

NO BASTA CON QUE LA ESPOSA DE JULIO CÉSAR SEA HONESTA. DEBE PARECER HONESTA.

Nuestra comunicación nos define. Actitudes, relaciones, vestimenta, vocabulario, tono de voz, etc.

Cuando entendí que, al cumplir mi propósito en la vida, las personas tendrían cierta imagen de mí y que esa imagen definiría mi audiencia, alineé mi comunicación para no frustrar ni escandalizar a cualquiera que me admirara.

A veces estoy en la casa y Jeanine me pide que vaya al mercado a comprar algo. Yo tardo un rato en arreglarme, y ella se queja: "Pero si es solo ir a la esquina". Pero siempre explico que algunas personas podrían reconocerme y acercarse a mí en la calle y, por respeto hacia ellos, intento ir bien vestido.

En una ocasión, estábamos cenando con las personas más influyentes de la ciudad en un evento privado. Yo estaba en la mesa con personas muy famosas e importantes. Cuando el fotógrafo del evento se acercó para tomar una fotografía de nuestra mesa, les pedí permiso a los colegas que estaban junto a nosotros para esconder una botella de vino que había en la mesa. No pienso que sea pecado beber vino, pero no puedo escandalizar al que piense distinto a mí.

Sí, vivimos para otros y no para nosotros mismos. Si hago que otros "pequen" por mis actitudes, ¿quién será juzgado?

Me reconocen millones de personas como pastor, así que tengo que alinear mi comunicación siempre con eso, ¿entiendes?

Y tú, ¿has observado que tienes que alinear algo en tu vida?

> **"NO HAY CIELO SIN TORMENTAS, NI CARRETERAS SIN ACCIDENTES. NO TENGAS MIEDO DE LA VIDA, TEN MIEDO DE NO VIVIRLA INTENSAMENTE".**
> **AUGUSTO CURY**

FASE 6: RESULTADOS

Solo después de pasar por todas las fases podemos llegar a la última: la tan deseada fase de los resultados.

Algunos síntomas de este crecimiento (en mi caso, al menos) fueron:

- Aumento del número de invitaciones a dar conferencias;
- Más seguidores en las redes sociales;
- Prosperidad económica;
- Y todo tipo de cosas buenas que comenzaron a sucederme.

Con eso, recordé que en otras fases de mi vida también tuve resultados e incluso comencé a hacer dinero y vivir en un buen lugar, pero todo fue transitorio.

Todos mis resultados previos, aunque buenos, fueron solo una ilusión. Se dispersaron en medio del camino bajo el calor del sol.

Entonces, ¿cómo puedo saber si los resultados que estoy teniendo hoy son consecuencia de la fase 3, o incluso de la fase 2, de intento y frustración? Bueno, es sencillo. ¿Estás antes o después del descubrimiento de tu propósito?

LO QUE DISTINGUE TU VIDA EN LA FASE 2 DEL RESTO ES EL DESCUBRIMIENTO DEL PROPÓSITO.

¿Por qué sé que mis resultados de hoy son definitivos? ¿Por qué ahora iré hasta el final de la vida dando fruto? Porque encontré mi propósito; entonces, esos resultados que obtuve cuando era un empresario eran dudosos, ya que eran parte de un intento. Los de ahora no lo son.

Aviso: todo parece bueno en esta etapa del camino, pero no lo es.

Distracciones, tentaciones, conflictos emocionales, agotamiento físico y mental, envidia, *haters*, muchos y muchos críticos se intensifican en esta fase.

No tienes idea del número de líderes de éxito que se acercan a mí y me dicen: "¡Quiero dejarlo todo!".

No es fácil, realmente. Cuando piensas que después de todo lo que has pasado, ahora es el momento de disfrutar la vida, llega la fase de la exposición, que atrae todo tipo de complicaciones.

> **"EL ÉXITO EN LA VIDA NO SE MIDE POR EL CAMINO QUE CONQUISTASTE, SINO POR LAS DIFICULTADES QUE SUPERASTE EN EL CAMINO".**
> **ABRAHAM LINCOLN**

CONFLICTOS INNECESARIOS

Se producen grandes problemas cuando alguien que está en la fase de descubrimiento del propósito vive con alguien que está en la etapa de resultados, por ejemplo. Tenemos que enfocarnos en aquello para lo que nacimos, pero esa persona no lo ha comprendido y se compara con otro que ya está cosechando los resultados de ello.

Excelencia emocional, paciencia y sabiduría también se separan en cada fase. Por lo tanto, en la coexistencia interpersonal surgen muchos conflictos innecesarios.

Y no es porque la persona te está empujando a un lado, por ejemplo, sino porque está en otra etapa y no entiende bien tu momento. Así que tenemos que entender la senda de la vida.

Soy amigo de personas que son muy distintas entre ellas. Están en etapas distintas en su caminar. Sin embargo, como sé la fase en la que yo estoy, no mezclo las cosas cuando estamos juntos.

Ejemplo: mis amigos de la infancia son los mismos que tengo hasta la fecha. Cada uno tuvo su propia vida. Algunos han formado una familia, y otros no; algunos tienen buenos trabajos, otros ni siquiera saben lo que es trabajar. Por lo tanto, cuando nos reunimos, mi enfoque está en reírme con las bromas que solíamos contar en el pasado, recordar travesuras y líos que formábamos, y disfrutar del raro encuentro. Pero nunca les hago ningún comentario sobre mi vida profesional, solo porque cada uno está viviendo en su propia fase, ¿Por qué iba a provocar envidia, celos o comparaciones?

Evita los conflictos innecesarios. Así como hicimos con lo que aprendimos en las tres esferas de la amistad, compartamos la información con aquellos que están viviendo en ese nivel.

Sé maduro y aprende de una vez por todas a compartimentar la información.

ESPIRITUALIDAD

Te aseguro que, estadísticamente hablando y no solo por mi fe personal, es imposible superar cada etapa de la senda de la vida sin estar espiritualmente conectado a Algo Mayor.

Somos limitados, débiles, indefensos y, sobre todo, humanos.

Jesús respondió: "Yo soy el camino, y la verdad, y la vida, nadie viene al padre, sino por mí.[61]

Jesús es el camino y, si andamos por este camino, llegaremos a nuestro destino final: la eternidad con el Padre. Eso es lo que creo y por lo que vivo: para predicar y anunciar las buenas noticias de salvación. Tu cuerpo tiene un periodo de validez. Tu alma no tiene que tenerlo.

En la fe cristiana, el camino tiene tanto valor como el destino.

Fue en el camino de Damasco donde Pablo tuvo una visión que cambió su senda.[62]

---

61. Juan 14:6.
62. La historia de la conversión de Saulo, al que le cambiaron el nombre para llamarse Pablo y llegó a ser uno de los apóstoles más grandes del cristianismo, está registrada en Hechos 9.

Fue en el camino de Jerusalén a Jericó, según la parábola, donde el hombre conocido como "el buen samaritano" se detuvo para ayudar a otro hombre que había sido asaltado y golpeado".[63]

Fue en el camino para recuperar a su familia secuestrada después del ataque a Siclag donde David se detuvo para ayudar a un siervo egipcio, que se convirtió en un GPS para que David encontrara rápidamente a sus enemigos y los derrotara.

EN EL CAMINO TENEMOS EXPERIENCIAS TRANSFORMADORAS, Y ES EN EL CAMINO DONDE TAMBIÉN AYUDAMOS A LAS PERSONAS.

La espiritualidad, es decir, la conexión con Dios, no es solo intrapersonal, sino también interpersonal.

Mientras más ayudamos a las personas por el camino, más cerca estamos de Dios.

Piensa en el último camino de Jesús. Tomó la Vía Dolorosa. Su cuerpo estaba ensangrentado, mezclado con sudor y polvo. Cargaba con la cruz sobre la que sería crucificado. Las personas alrededor gritaban y hacían aspavientos. Los guardias lo atacaban con palabras y golpes. Cuando le pusieron en la cruz, dejó de pensar en su propio camino de agonía para ayudar a los que le estaban torturando, diciendo: *"Padre, perdónalos, porque no saben lo que hacen"*.[64]

Este es el nivel de madurez que necesitamos alcanzar para que, en medio de nuestra senda de la vida, la vida de otros nos importe tanto como la nuestra.

---

63. La parábola del buen samaritano, que relató Jesús, está descrita en Lucas 10:25-37.
64. Lucas 23:34.

PREGUNTAS Y RESPUESTAS

1. *Tiago, participé en el curso "La senda de la vida" en Sao Paulo, y aunque soy nacionalmente conocido por mi arte, no sé si ese es mi propósito en la vida. Después de todo, no me siento feliz y completo. Tengo millones de personas a mi alrededor, pero siempre me siento solo. ¿Qué puedo hacer?*

Tu caso es muy común. Tener éxito en lo que no es nuestro destino es un riesgo que todos corremos, porque seguro que nos aferraremos demasiado a algo que debería ser solo una fase en nuestra vida, y no nuestra razón de vivir. Ciertamente, tu arte es parte de tu propósito, pero solo como una contribución. Un cantante tiene su voz como una herramienta. El propósito es, por ejemplo, transformar las vidas de las personas con letras y melodías. La transformación es un propósito. La música es una herramienta. Espero que te haya servido de ayuda.

CONCLUSIÓN

Identifica en cuál de las seis fases presentadas en este capítulo estás, y empieza a proyectar tu futuro.

Haz una lista con el nombre de tres personas con las que vives más a menudo e identifica la fase de la vida en la que ellos están. De esta forma, serás capaz de conocerte a ti mismo y conocer mejor a quienes te rodean.

Y recuerda: lo que divide el antes y el después de tu caminar aquí en la tierra es el descubrimiento del propósito en la vida que Dios te ha dado.

> **"Por lo general, Dios confía grandes proyectos a pequeñas personas".**

Capítulo 7

ESPEJOS DE VIDA

"Simpatía, carisma, y asociados. El mundo puede ser un escenario, pero el reparto se parece al infierno".
Mark Twain

Estoy convencido de que somos potenciadores de buenos y malos sentimientos que la gente lleva en su interior.

Con una simple sonrisa somos capaces de mejorar el día de alguien. Del mismo modo, somos capaces de comprometer un entorno, arruinar una atmósfera, y herir sentimientos con nuestra descortesía.

Cada actitud positiva, cada cortesía, refleja una dosis de bondad hacia el otro.

Cada queja, cada palabra áspera, cada sonido de claxon cuando el semáforo se pone en verde refleja una dosis de amargura hacia el otro.

Puedes despertar los sentimientos que hay dentro de las personas. Cuidado con el combustible que echas en el fuego de otros.

La canción "Epitáfio",[65] que hizo famosa la banda Titãs, tiene una estrofa corta pero, muy significativa:

Me gustaría haber aceptado
A las personas como son
Cada una conoce la alegría
Y el dolor que carga en su corazón.

Las personas que caminan por las calles cargan con algún dolor y alguna alegría que solo ellos conocen. Cuando nos topamos con otra persona, algunas desconocidas, o incluso un familiar, puede que sea un inevitable o incluso un amigo estratégico (¿quién sabe?), vemos solo ojos perezosos y un rostro serio. Ya podía existir algún aparato de rayos X portátil que nos ayudara a descifrar lo que está ocurriendo dentro de cada ser humano. Por cierto, sería perfecto si pudiéramos visualizar nuestros propios sentimientos, porque algunas veces no somos capaces de descifrarnos a nosotros mismos. En mi opinión, esta es la razón principal por la que herimos y somos heridos.

Cada día, salimos de la casa para realizar nuestras tareas siendo totalmente vulnerables a cualquier ataque terrorista emocional.

No vemos nuestro propio rostro y nuestro lenguaje corporal durante una conversación. Y no analizamos cuidadosamente, al final de cada día, un video con un resumen de nuestra conducta. Por esta razón, es más fácil decir que coexistimos con personas difíciles que reconocer que, algunas veces, nosotros somos la fuente de las dificultades. ¿Te das cuenta de esto? ¡Lee este párrafo, por favor!

SI QUIERES MEJORAR A ALGUIEN, MEJORA TÚ MISMO.

65. "Epitáfio" es una canción escrita por Sérgio de Brito Álvares Affonso y Eric Silver.

Una fábula muy conocida dice lo siguiente:

Hace un tiempo, en una aldea pequeña y distante, había un lugar conocido como la casa de los mil espejos.

Un perrito se enteró de la existencia de este lugar y decidió ir a visitarlo. Cuando llegó, fue brincando por las escaleras hasta la entrada de la casa. Entonces miró por la puerta de entrada, con las orejas levantadas y moviendo su rabito lo más rápido que sabía. Para su asombro, se encontró con otros mil perritos igual de contentos, todos moviendo sus rabitos tan rápido como él. Puso una enorme sonrisa y recibió a cambio otras mil sonrisas enormes. Cuando se fue de la casa, pensó: "¡Qué lugar tan maravilloso! Regresaré siempre, muchas veces".

En esa misma aldea, otro perrito, que no estaba tan feliz como el primero, decidió visitar la casa. Subió lentamente la escalera y se asomó contrariado por la puerta. Cuando vio mil rostros hostiles de perros que le miraban, gruñó y mostró sus dientes. Se quedó aterrado cuando vio mil perritos enojados gruñendo y enseñándole los dientes. Cuando se fue, pensó: "Qué lugar tan horrible, no volveré nunca aquí". Todos los rostros del mundo son espejos.

¿Qué tipo de reflejo ves en el rostro de las personas que conoces? Como te he dicho desde el comienzo de este libro, para ser un especialista en personas tienes que conocerte a ti mismo. Ahora, te retaré a hacer un viaje de autoconocimiento con algunas tareas que se pueden hacer simultáneamente.

Tarea 1:

Antes de dormir, piensa en tu día y escribe sobre los reflejos que suscitaste en la primera mirada que recibiste de las personas hoy:

En el tráfico _____

En el trabajo _____

En la calle _____

Tarea 2:

Cuando te despiertes en la mañana, escoge un buen recuerdo, buena música o una frase motivacional, habla de ella en voz alta, canta y repite la frase para ti. ¿Cómo afectó eso a tu día?

_____

_____

_____

_____

Tarea 3:

Haz un experimento social. Prueba a mostrar una sonrisa sincera a un desconocido, ya sea en el tráfico, en el restaurante o en el supermercado, donde sea, y toma nota de la reacción de la persona.

Parecen cosas muy sencillas, ¿verdad? Sin embargo, recuerda que reconocer tus emociones y cómo afectan tu día y el día de las personas que te rodean es algo vital para un especialista en personas.

También notarás que estas tareas serán muy útiles para el aprendizaje que tendrás en este capítulo.

El poder de la simpatía
(a las personas les encantan las sonrisas)
Es más fácil obtener lo que deseas con una sonrisa
que con la punta de una espada.
William Shakespeare

¿Has observado que uno de los requisitos para ser una estrella de Hollywood o un actor en anuncios famosos es tener una hermosa sonrisa? ¿Te has dado cuenta de que un buen vendedor, que está loco por alcanzar su meta mensual, te atenderá con una gran sonrisa?

Anualmente llevo a cabo un taller de liderazgo en Israel. Estar en la tierra donde el Maestro de maestros nació, vivió e hizo eternas sus enseñanzas es una experiencia increíble. Cada palmo del terreno es pura historia. Cada esquina es merecedora de un libro.

Nuestros grupos son divertidos, e intercambiamos mucho conocimiento durante este tiempo de entrenamiento.

Actualización de vida, contactos estratégicos y experiencias en el lugar son regalos incluidos en un viaje así. Sin mencionar que el estudio sobre "ser un líder" en la tierra donde el mayor líder de la historia compartió sus enseñanzas es algo realmente destacado y transformador.

Muchas personas relevantes, como empresarios, figuras políticas, jugadores de fútbol y artistas de televisión han viajado con nosotros en estos grupos y, en una ocasión, un CEO de una multinacional que fue parte de la caravana me llamó para conversar en un esquina del barco mientras cruzábamos el fantástico Mar de Galilea. Me dijo: "Tiago, solo te escucho porque tu contenido es muy bueno y por el interés que tengo en crecer más. Pero, si fuera por tu simpatía y tu carisma, ni siquiera me acercaría a ti. De hecho, tengo que esforzarme por oírte, porque veo tu cara muy ruda y entonces mi corazón se cierra. Pero, cuando escucho tus palabras, entiendo que es lo mejor para mí. Si mostraras un par de sonrisas durante el día y saludaras a más personas del grupo, quizá las cosas mejorarían y todos te escucharían y admirarían más".

¿Qué?... ¿¡Hola!?

¿Quieres decir que años de estudio, maestrías, un doctorado, una experiencia enorme y todo el conocimiento acumulado, todo se puede RECHAZAR por no ir por la vida sonriendo?

SÍ. ¡La respuesta es sí!

El mundo no funciona como tú quieres que funcione, ni como yo quiero que funcione. No gira como tú crees. Cualquier persona que crea que tiene la verdad o que siempre tiene la razón está destinada al fracaso. ¡Así que aprendí humildemente la lección!

Las personas son emocionales, y si no te los ganas primero emocionalmente, tu mensaje a duras penas llegará a sus corazones. Los seres humanos quieren, incluso inconscientemente, estar al lado de personas alegres, que siempre son vivaces, sonríen y están motivados. Nadie quiere andar junto a personas decepcionadas. Nadie quiere estar con quienes no venden esperanzas.

Basado en los hechos, puedo asegurarte que todo tu trasfondo profesional puede quedar minado por una cosa: falta de carisma.

La revista Forbes, una de las publicaciones más importantes del mundo sobre los negocios y la economía, entendió que el carisma es esencial para el liderazgo, hasta tal punto que publicó un reportaje destacando quince maneras de desarrollar esta habilidad.[66]

Puedes ser excelente en lo que haces y ser una persona de gran carácter, pero eso no tiene nada que ver con tu éxito. Si ese fuera el caso, las personas malintencionadas nunca tendrían éxito en sus intentos. Este tipo de personas se aprovechan de otros no porque terminaron la universidad o son sinceros, sino porque saben cómo lidiar con las personas. ¿Sabes a lo que me refiero? Sonríen, inspiran confianza, tocan a la gente, son concienzudas, y dominan el tema que atraerá a cada tipo de "víctima".

Lidiar con personas es bastante complicado. ¡Creo que ya has entendido eso!

Si eres un poco egoísta, ya perdiste la oportunidad de llevarte bien con otro ser humano. Si antepones el dinero a la amistad, tus amigos se sentirán usados. Si faltas a una reunión familiar por el trabajo, te tacharán de adicto al trabajo. Y así sucesivamente…

---

66. Mira una republicación del texto en https://www.ibe.edu.br/15-passos-para-aumentar-seu-carisma/. Consultado en línea 27 de agosto de 2019.

Ahora bien, antes de seguir con este viaje te haré algunas preguntas importantes: ¿hasta dónde estás dispuesto a mejorar como persona? ¿Cuánto estás dispuesto a invertir en tu felicidad y, así, ser capaz de hacer felices a otros? ¿Cuántas ganas tienes realmente de ser un especialista en personas?

LA SIMPATÍA HACE LA VIDA MÁS FÁCIL. EL CARISMA ATRAE A LAS PERSONAS.

Ser amigable no es una propina para llevarte bien con los seres humanos, sino un principio inmutable de las relaciones sanas.

Solo una observación importante: Yo soy, por naturaleza, un poco antipático.

Lo reconozco. No puedo sonreír todo el tiempo ni abrazar a todos en una sala. Hay algo en mí que me hace recluirme cuando hay muchas personas desconocidas en el mismo entorno en el que estoy. Estoy tratando esto y he mejorado mucho. Tienes que saber que habría llegado incluso más lejos si hubiera distribuido más sonrisas a lo largo de mi vida.

Las personas me han boicoteado en eventos en todo el mundo porque se imaginaron que era altivo, o algo parecido, porque entraba en ruedas de prensa sin abrazar a nadie. Mientras más estás en la sociedad, más personas esperan esta dedicación por tu parte. ¡No los defraudes!

Pues bien, entrené al equipo que viaja conmigo para que me ayude con mi estado de ánimo.

Es interesante que descubrí que cuando no duermo al menos seis horas o no como bien durante el día, mi estado de ánimo cambia drásticamente y aparece la impaciencia.

Piensa en mi rutina, ¡y después imagínate!

Pierdo muchas noches en los aeropuertos, y durante algunos días de la semana no como bien debido a mis citas. Si no cuido bien de mis necesidades físicas y emocionales, tendré muchas oportunidades de mostrar, dondequiera que vaya, un rostro acelerado y cansado a todo el que se acerque a hablar conmigo. Estas cosas negativas se difunden rápidamente por todas partes.

Vale la pena enfocarse en el desarrollo de la simpatía y el buen humor. Piénsalo: ser amable y accesible para las personas "de afuera" es vital para el éxito en los negocios y en la vida; ser amable y accesible para las personas "de adentro" (familia, cónyuge y amigos) es una cuestión de felicidad.

António Ramalho escribió un texto muy inspirador al respecto:

LA IMPORTANCIA DE LA SIMPATÍA

...porque la simpatía abre puertas... al diálogo, la comprensión, la buena interacción... y la buena relación ...

Es la puerta de entrada a las relaciones interpersonales... Una sonrisa, amabilidad, una expresión relajada... derriba muros... y rompe el hielo ...

Porque el otro ser humano... no tiene la culpa si la vida no nos trata bien... y tenemos problemas...

Porque el otro ser humano... se merece nuestro respeto...

Porque, si ofrecemos simpatía... en la mayoría de los casos recibimos simpatía...

Porque nuestro bienestar interior estará directamente relacionado con lo que cultivamos... y todo el que cultiva simpatía... recibe felicidad...

Porque la simpatía debería ser nuestro lema...[67]

67. Disponible en http://www.antoniramalho.com/pagina.asp?ID=212. Consultado en línea 27 de agosto de 2019.

¡Mira lo cierto que es! Estudiando para este libro, descubrí que las personas reaccionan emocionalmente a la expresión de nuestro rostro. Hay veces que entras a una sala y alguien que ni siquiera conoces ya piensa: "¡No me gusta este tipo!".

Sí, en general, tu rostro es capaz de denunciar el estado de tu corazón, jugando en tu contra.

El corazón alegre hermosea el rostro.[68]

Es decir, lo que hay en tu corazón (emociones) determina cómo será tu rostro.

¿Cambiaremos nuestro rostro? ¿Nos ocuparemos de nuestro corazón?

¡Anímate! No estás solo. Yo también estoy en este proceso. Escribir un libro me está haciendo bien. ¿Y tú? ¿También estás mejorando?

Las personas son así.

La comedia *Miss Simpatía*, interpretada por Sandra Bullock, presenta la historia de una agente del FBI, Gracie Hart, una persona ruda y descuidada, a quien destinan a participar en un concurso de belleza para descubrir quién será la próxima víctima en una serie de asesinatos. Así que ella contrata a un entrenador de concursos de belleza (Michael Caine) para que la enseñe a vestirse, caminar, y comportarse como una participante.

Las personas son así: nos evalúan todo el tiempo según cómo vestimos, caminamos y nos comportamos, ¡o incluso cómo reímos! Es fundamental que un especialista pueda aprender a tratar esta necesidad de adaptarse.

Eres un espejo, ¡y las personas juzgarán lo que reflejes! Sé prudente con tus reflejos.

---

68. Proverbios 15:13.

Es muy interesante. Cada día me doy cuenta de que las personas nunca creen que son parte del problema, pero ¡generalmente lo son! ¿Sabes lo que es reafirmante de este proceso? Saber que, desde que comenzó el mundo, las personas creen que el problema lo tiene el otro. Sí, nunca he estado solo en este viaje, ¡ni tú tampoco! Echa un vistazo a lo que dijo el mayor especialista en personas de todos los tiempos:

> No juzguéis, para que no seáis juzgados. Porque con el juicio con que juzgáis, seréis juzgados, y con la medida con que medís, os será medido. ¿Y por qué miras la paja que está en el ojo de tu hermano, y no echas de ver la viga que está en tu propio ojo? ¿O cómo dirás a tu hermano: Déjame sacar la paja de tu ojo, y he aquí la viga en el ojo tuyo? ¡Hipócrita! saca primero la viga de tu propio ojo, y entonces verás bien para sacar la paja del ojo de tu hermano.[69]

Entonces, si incluso el evangelio de Jesús, que predico y difundo, destaca que el problema está en ti, ¿a quién quieres acusar? Mírate en el espejo.

¿Quieres juzgar? Mira al espejo.

¿Quieres señalar con el dedo? Mira al espejo y hazlo.

Si queremos que el entorno al que asistimos mejore, tenemos que hacer el bien a las personas para que eso se pueda reflejar en el entorno:

¡Es tiempo de cambiar! ¡Es tiempo de cambiar en ti!

¡Juzga menos!

¡Habla menos!

¡Enójate menos!

¡Hiere menos!

---

69. Discurso de Jesús registrado en Mateo 7:1-5.

Tengo que entender que el mundo ha cambiado, y el mayor capital de un ser humano hoy día son sus relaciones.

Esta semana me tomé un café con el rey de las redes entre brasileños famosos que viven o pasan sus vacaciones en los Estados Unidos, y le pregunté si tenía algún secreto para ganarse a tantas personas estratégicas y ser su amigo.

Enseguida me dijo: "¡Sonreír!".

Una sonrisa sincera es capaz de "ganarse" a alguien. ¿Has notado lo que ocurre cuando las personas miran a un bebé? Un bebé tan solo llega a una fiesta y enseguida se forma a su alrededor una pequeña multitud. Todos juguetean con el bebé hasta que muestra una sonrisa sin dientes, y todos dicen: "¡Oh, qué lindo!". Por otro lado, si el bebé se molesta y llora, todos se alejan de él. "Debe estar cansado. Dejémoslo descansar". "¿Tiene hambre? Tómate tu tiempo para alimentarlo".

Sonreír hace milagros desde la cuna.

EL QUE CONSIGUE UNA COSA LLORANDO, PUEDE CONSEGUIR 10 COSAS SONRIENDO.

Jesús es el mayor especialista en personas que ha existido jamás.

Hablemos sobre quien entiende el tema cuando se trata de personas: Jesús.

El carpintero de Nazaret no estudió psicología ni tomó un curso de coaching; ni siquiera estudió teología ni gestión de personas y, sin embargo, nunca nadie se ha interesado más por ayudar a las personas que Él. Nadie ha sabido nunca cómo lidiar con las personas mejor que Él. Jesús talló el alma del ser humano con miradas y palabras.

Muchos lo llamaban Maestro. No sucedió solo por considerar que enseñaba y compartía conocimiento, sino porque podía transformar la vida de cualquiera que se cruzara en su camino.

Nadie ha estado nunca con Jesús, aunque sea solo por cinco minutos, y ha seguido siendo igual.

Pero lo que más me asombra es que tenía la habilidad de cambiar entornos. Mira este ejemplo:

Entonces los escribas y los fariseos le trajeron una mujer sorprendida en adulterio; y poniéndola en medio, le dijeron: Maestro, esta mujer ha sido sorprendida en el acto mismo de adulterio. Y en la ley nos mandó Moisés apedrear a tales mujeres. Tú, pues, ¿qué dices? Mas esto decían tentándole, para poder acusarle. Pero Jesús, inclinado hacia el suelo, escribía en tierra con el dedo. Y como insistieran en preguntarle, se enderezó y les dijo: El que de vosotros esté sin pecado sea el primero en arrojar la piedra contra ella. E inclinándose de nuevo hacia el suelo, siguió escribiendo en tierra. Pero ellos, al oír esto, acusados por su conciencia, salían uno a uno, comenzando desde los más viejos hasta los postreros; y quedó solo Jesús, y la mujer que estaba en medio. Enderezándose Jesús, y no viendo a nadie sino a la mujer, le dijo: Mujer, ¿dónde están los que te acusaban? ¿Ninguno te condenó? Ella dijo: Ninguno, Señor. Entonces Jesús le dijo: Ni yo te condeno; vete, y no peques más".[70]

Él era el espejo perfecto del que podemos hablar.

¡La paz de Jesús en medio de los conflictos era contagiosa!

Su demostración de fe animaba a muchos.

Su rostro reflejaba sus caminos; su voz presentaba un destino a las multitudes; su sonrisa atraía a los niños.

Pero, mucho más importante que eso, Jesús tenía una profunda compasión por las personas. Y este es el mayor legado de Cristo: el amor por el prójimo.

---

70. Juan 8:3-11.

"Amarás a tu prójimo como a ti mismo".[71] Es difícil, lo sé.

Esta semana fui a dejar a mis hijos en la escuela, y una señora, la mamá de uno de los alumnos, se detuvo junto a mi automóvil y comenzó a gritarme histéricamente diciéndome que le había robado el lugar de estacionamiento.

"He puesto el P%^^** intermitente. ¿Estás loco?", me gritaba, intentando humillarme delante de mis hijos. Yo tan solo sonreí, dije que no me había dado cuenta de que ella estaba esperando para estacionar ahí (algo que era cierto), y me disculpé. Sin embargo, para ella no fue suficiente y siguió gritándome.

Eso demostró que su problema no era yo ni el estacionamiento, sino ella misma. Pero ¿qué hacer con la ira, la vergüenza, y el extraño sentimiento de ser ofendido y humillado en público?

Pues bien, exactamente para lidiar apropiadamente con situaciones así es cuando tenemos que mirarnos en los ejemplos de Jesús. Él no solo señaló a la vida eterna, sino que también nos enseñó a vivir bien aquí.

Incluso en medio de su peor dolor en su vida física, ya clavado en cruz y con sus atormentadores burlándose, Jesús nos enseñó la manera ideal de lidiar con las personas: *"Padre, perdónalos, porque no saben lo que hacen"*.[72]

Entender que las personas son emocionalmente ignorantes nos protege espiritualmente.

Repito: sé que es difícil, pero también sé que es posible.

Uno de los extractos de mi libro de sabiduría antigua que más me inspira acerca de ser un especialista en personas es el siguiente:

Entonces vino un varón llamado Jairo, que era principal de la sinagoga, y postrándose a los pies de Jesús, le rogaba que entrase

---

71. Mateo 22:39.
72. Lucas 23:34.

en su casa; porque tenía una hija única, como de doce años, que se estaba muriendo. Y mientras iba, la multitud le oprimía. Pero una mujer que padecía de flujo de sangre desde hacía doce años, y que había gastado en médicos todo cuanto tenía, y por ninguno había podido ser curada, se le acercó por detrás y tocó el borde de su manto; y al instante se detuvo el flujo de su sangre. Entonces Jesús dijo: ¿Quién es el que me ha tocado? Y negando todos, dijo Pedro y los que con él estaban: Maestro, la multitud te aprieta y oprime, y dices: ¿Quién es el que me ha tocado?

Pero Jesús dijo: Alguien me ha tocado; porque yo he conocido que ha salido poder de mí.

Entonces, cuando la mujer vio que no había quedado oculta, vino temblando, y postrándose a sus pies, le declaró delante de todo el pueblo por qué causa le había tocado, y cómo al instante había sido sanada. Y él le dijo: Hija, tu fe te ha salvado; ve en paz.

Estaba hablando aún, cuando vino uno de casa del principal de la sinagoga a decirle: Tu hija ha muerto; no molestes más al Maestro.

Oyéndolo Jesús, le respondió: No temas; cree solamente, y será salva.

Entrando en la casa, no dejó entrar a nadie consigo, sino a Pedro, a Jacobo, a Juan, y al padre y a la madre de la niña. Y lloraban todos y hacían lamentación por ella. Pero él dijo: No lloréis; no está muerta, sino que duerme.

Y se burlaban de él, sabiendo que estaba muerta. Mas él, tomándola de la mano, clamó diciendo: Muchacha, levántate. Entonces su espíritu volvió, e inmediatamente se levantó; y él mandó que se le diese de comer. Y sus padres estaban atónitos; pero Jesús les mandó que a nadie dijesen lo que había sucedido".[73]

---

73. Lucas 8:41-56.

He aprendido muchas cosas con esta pequeña parte de la vida de Jesús sobre cómo relacionarme con las personas:

- Es importante escuchar con compasión las necesidades de las personas.
- Las personas que están delante de mí deben ser mi prioridad; el resto de las cosas se arreglará a su debido tiempo.
- Es bueno llevar paz a todo el que se acerque a mí buscando algo, y tenga miedo de mi reacción y de todos los que me rodean.
- Si "ha salido poder de mí" (significa: "si está en mis manos ayudar a alguien"), será una bendición oír su historia;
- No permitiré que le quiten la esperanza a nadie.
- Si Dios me dijo que sucederá algo, es porque sucederá.
- Puedo pedir confidencialidad a las personas, pero eso no significa que ellas no vayan a difundir la conversación.

Te reto a buscar la sabiduría del mayor especialista en personas de todos los tiempos. Lee la Biblia diariamente y aprende incluso más con los ejemplos de Jesús y con los héroes bíblicos.

TU CUERPO HABLA

Muchas personas ya saben que el lenguaje corporal es una expresión de nuestros pensamientos y sentimientos. Lo que quizá aún tienes que entender en este libro es que las personas copiarán de manera instintiva la comunicación de nuestro cuerpo y les afectará emocionalmente, ya sea de forma positiva o negativa.

Muchas veces, las palabras no expresan exactamente lo que estamos sintiendo, bien porque no somos capaces de definir nuestros sentimientos o porque queremos esconder algo, ya que es más fácil controlar lo que decimos que controlar nuestro cuerpo.

Un estudio de la Universidad de California[74] reveló que el 7% de nuestra comunicación está basada en palabras. En cuanto al resto, el 38% viene del tono de voz, y el 55% restante viene del lenguaje corporal. Como esta forma de comunicación es tan importante, ya que representa más de la mitad de tu comunicación, aprende a identificar las señales que da tu cuerpo:

- Mirar hacia arriba y hacia la derecha: indica creación de imágenes mentales.[75]

- Mirar hacia arriba y hacia la izquierda: denota recuperar imágenes de la memoria.[76]

- Mirar hacia arriba: intentar recordar algo o desdén hacia lo que se ha dicho.[77]

- Levantar el ceño: preocupación, sorpresa, temor.[78]

- Reírse con los ojos cerrados: una risa muy sincera.[79]

- Agitar las piernas: persona enojada, o no consciente de lo que está ocurriendo.[80]

- Encoger los labios: indicador de estrés.[81]

Esto es solo una muestra entre una gran variedad de información que expresas y que el otro recibe y entiende sin que ninguno tenga

74. Mehrabain, A. Silent messages: Implicit communication of emotions and attitudes. Belmont, CA: Wadsworth, 1981.

75. Mehrabain, A. Silent messages: Implicit communication of emotions and attitudes. Belmont, CA: Wadsworth, 1981.

76. Idem.

77. Disponible en https://www.vix.com/pt/bdm/comportamento/o-que-9-olhares-significam-interprete-o-que-a-pessoa-esta-dizendo-pelo-olhar. Consultado en línea 27 de agosto de 2019.

78. Disponible en https://www.hipercultura.com/ linguagem-corporal / Consultado en línea 27 de agosto de 2019.

79. Disponible en https://www.linguagemcorporalemfoco.com/a-linguagem-corporal-dos-olhos-que-voce-nao-ve/. Consultado en línea 27 de agosto de 2019.

80. Disponible en http://rochaniil.blogspot.com/2012/08/o-que-nos-contam-as-expressoes-corporais.html. Consultado en línea 27 de agosto de 2019.

81. Disponible en https://www.hipercultura.com/ linguagem-corporal / Consultado en línea 27 de agosto de 2019.

que decir ni una palabra. Por lo tanto, es importante cuidar todos los gestos.

ENEMIGOS MORTALES DE TUS RELACIONES

En todas las áreas de nuestra vida hay actitudes "amigas" y actitudes "enemigas".

Seguro que has estado en contacto con personas en la escuela, la universidad o el lugar de trabajo que siempre nadan contra la corriente. También habrás conocido al menos a uno que cada día tenía una historia triste que contar. Y también a alguien que, por mucho que te hayas esforzado o hayas seguido las instrucciones, enseguida te lanza una mirada de desaprobación y dice: "¿No lo sabes hacer mejor?". Y, por supuesto, no se me olvida el que interrumpe el relato de otro para compartir algo similar, pero mucho más fantástico que le sucedió a él o ella.

Mi pregunta es: ¿acaso no eras tú esa persona?

¿Te cuesta escuchar a las personas? ¿Te resulta difícil elogiar a las personas? ¿Es demasiado difícil para ti reconocerlo cuando haces algo mal?

Recuerda que somos espejos.

Lo que somos y cómo nos comportamos moldea el mundo que nos rodea. Presta atención al modo en que tus actitudes reflejarán:

+ Si no escuchas a nadie, y te rodeas de aduladores. Y esto en caso de que tengas algo que ofrecer, porque si no, te quedarás solo.

+ Si te cuesta elogiar, si estás rodeado de personas con problemas emocionales.

+ Si no reconoces tus errores, aún en medio de personas peores.

¡Observa a tu alrededor y ve que eso es real! En la mayoría de los casos, es así como funciona en los inevitables o en la teoría del 2 en 1.

Intenta no elogiar a tu cónyuge o no reconocer tu error en la relación de pareja, o incluso si es posible vivir en familia sin escuchar a nadie.

No estoy hablando solamente de carisma y simpatía; estoy advirtiendo sobre la empatía y el autoconocimiento. Para que puedas desarrollar buenas relaciones y convertirte en un especialista en personas, tienes que admitir tus debilidades y ser consciente de ellas a fin de actuar para mejorar.

- Cuando estés conversando, deja tu teléfono celular a un lado. Mira a la persona a los ojos de vez en cuando, y muestra que estás atento a lo que dice.

- Busca algo que elogiar sinceramente, aunque sea la buena intención de la persona.

- No te avergüences de admitir tus errores. Esa es la manera de mejorar en cada aspecto.

- Ten en mente la tabla de abajo y evita estas conductas.

Enemigos mortales de las relaciones	
Sordera emocional	No oír a nadie
Egoísmo sentimental	No elogiar a nadie
Orgullo espiritual	No reconocer tus errores

INFLUENCERS EMOCIONALES

Tengo amigos de todo tipo dentro de las tres esferas de la amistad sobre las que aprendimos en el Capítulo 1. Tengo amigos afables, otros divertidos, y un amigo quejica que siempre se queja.

Cuando estoy desanimado y necesito animarme, llamo a mi amigo divertido y organizo algo con él. Solo quedar con él para almorzar o tomar un café hace que todo sea mejor. Muchas veces, tenía conferencias en todo el mundo y pagué un boleto y hospedaje a este amigo solo para tener su compañía y poder conversar y reír durante horas. La vida es mucho más ligera así. ¡Necesitamos a las personas!

Cuando estoy bien y animado (gracias a Dios, por lo general lo estoy) llamo a mi amigo quejica. Es el tiempo de ayudar y mejorar el día de alguien. En un gran evento que llevó a cabo Instituto Destiny en Sao Paulo, invité a este amigo triste a pasar el día conmigo (para visitarme entre bastidores, para comer conmigo y mi equipo, etc.).

En este tipo de evento la adrenalina está alta, así que la atmósfera era perfecta para que yo le mostrara lo mucho que la vida merece vivirse con alegría, y que tener amigos y personas a nuestro alrededor determina ese nivel de alegría, y quejarse y fruncir el ceño afecta todo y a todos negativamente.

> ## SOMOS ESPEJOS CON LA OPCIÓN DE ESCOGER LO QUE REFLEJAREMOS.
> ## PROVERBIO PORTUGUÉS

Ahora te debes estar preguntando: "Tiago, ¿qué tiene esto que ver conmigo?". A lo que yo respondo: "¡Todo!".

Ya conoces a los enemigos de las relaciones, así que puedes evitarlos. Es tiempo de poner en práctica tu simpatía, compasión, empatía y autoconocimiento, y transformarte para mejorar para bien el día de las personas que te rodean.

Desde el momento en que seas capaz de hacerlo, reflejarás cosas buenas al mundo, ¡y el mundo te devolverá cosas igual de buenas!

¿Recuerdas las tres tareas que te di al principio de este capítulo? ¿Ya las has puesto en práctica? ¿Las has hecho solamente un día, o has escogido incorporarlas a tu rutina? ¿Cómo te ha funcionado?

Si no lo has hecho aún, ya es hora, ¿verdad?

Levántate, y sé el espejo que refleja lo mejor.

PREGUNTAS Y RESPUESTAS

1. *Tiago, he estado viendo todos tus videos en tu canal de YouTube. Enfatizas mucho el asunto de encontrar el propósito (como si fuera fácil), vivir tu destino (como lo supiéramos), y tener inteligencia emocional o el fruto del Espíritu (como ya has enseñado). Pero mi vida es una prueba de que esas cosas no son fáciles de tener o de vivir. Sé que lo necesito, pero no puedo hacer lo necesario. ¿Hay alguna solución?*

Apreciado amigo, gracias por acceder a mi canal de YouTube. Recibimos miles de testimonios relacionados con cada mensaje que publicamos ahí. Por lo que dices, veo que miras mucho nuestros videos.

Enfatizo mucho todo lo que has mencionado: propósito, destino, y vida emocional son vitales para que podamos disfrutar de la vida terrenal mientras llega la eterna.

Si fuera fácil encontrar nuestro propósito, vivir nuestro destino y estar balanceados en cuanto a nuestras emociones, todos seríamos hermosos y estaríamos felices y saludables, pero me gustaría darte tres claves que funcionan como bienes para que tengas esos tres pilares:

- Intimidad con Dios
- Disciplina
- Persistencia

Intimidad con Dios es conversar con Él más que con cualquier otra persona. Confiar en Él más que en nadie. Amarlo a Él por encima de todos y de todos.

Disciplina es la capacidad de repetir diariamente todo lo que se necesita para encontrar propósito, vivir tu destino, y adquirir inteligencia emocional.

Persistencia es no abandonar, no detenerse, no desanimarse con las dificultades diarias necesarias para vivir los tres pilares.

CONCLUSIÓN

En el mundo ideal, no necesitaríamos pensar en los espejos de la vida. Todas las personas serían simpáticas, llenas de compasión, sonreirían, se servirían los unos a los otros y amarían a su prójimo como a sí mismos. Sin embargo, en el mundo real, la mayoría de las personas siguen siendo egoístas, orgullosas, y no les importan las necesidades de quienes les rodean.

No podemos relegar al otro la tarea de "ser uno con la vida" para devolverle lo mismo. Debemos tener la iniciativa y escoger diariamente presentar en nuestro rostro un espejo que refleje al otro lo mejor de nosotros.

¡Ha llegado nuestro momento! ¡Hazlo de otra forma! ¡Marca la diferencia!

> **"Créeme: el hecho de que aún sonríes confunde a algunas personas".**

Capítulo 8

LABORATORIO ANTIGUO

> Por lo general, las cosas no se arreglan por sí solas.
> Tendrás que **PARARTE** e ir allí para arreglarlas.
> Los problemas no resueltos hoy pueden convertirse
> en gigantes mañana.

ESTUDIAR LO QUE HA FUNCIONADO

A lo largo de este libro te he mostrado una información preciosa en cuanto a cómo poder convertirte en un especialista en personas. Además, te he presentado teorías de las relaciones que te ayudarán a protegerte contra los ataques que te pueden afectar negativamente. Luego de conocer a los que te rodean, bien protegido, y reflexionando en lo que quieres del mundo, ha llegado el momento de poner en tus manos el bien más grande de todo especialista en personas: ¡todo lo que ya ha funcionado! Sí, las herramientas que pondré a tu disposición han sido probadas durante miles de años, ¡y están garantizadas!

El libro de sabiduría antigua, la Biblia, nos enseña, orienta y guía a la verdad. Sus 66 libros, incluyendo el Antiguo y el Nuevo Testamento, nos enseñan a vivir en la tierra y a lidiar con otros seres humanos. Basémonos en lo que ya se ha probado y aprobado, para ser asertivos en este breve tiempo que tenemos para vivir.

Pues bien, todos moriremos algún día. Y ya lo sabemos, ¿no es cierto?

Sin embargo, el hecho es que vivimos como si no fuera cierto. ¿Sabes lo que es la realidad? La cruda verdad es que el día de tu funeral revelará quién fuiste realmente en la tierra. Están los que son enterrados como indigentes, y aquellos cuyo funeral se retransmite en directo en la televisión nacional, una vez que muchos han hecho luto por él o ella.

Recientemente, recibí una llamada informándome del fallecimiento de un familiar. La llamaré Eliane. Le iban a enterrar a las 4:00 de la tarde del día siguiente, en la ciudad de Río de Janeiro. Yo estaba de viaje, y no podría asistir. Tras el entierro, llamé a un amigo mutuo y le pregunté.

"¿Cómo fue el entierro de Eliane?".

"No lo sé. No asistí", respondió.

"¿Y eso? ¿No eras amigo íntimo de la familia?", le pregunté.

"Tiago, ni yo ni muchos de sus familiares fueron a despedirse. Eliane era una mujer difícil, y tenía muchos enemigos. Algunos parecen aliviados de que se haya ido. Sus hijos están más interesados en el reparto de la herencia que en la partida de su mamá".

Queridos lectores, realmente creo que a nadie le gustaría terminar así: solo, sin recibir ni amor ni honra. Pero el final de nuestra vida es el resultado de lo que hemos hecho mientras aún respirábamos.

Todos quieren un final feliz; sin embargo, *ese gran final* se tiene que construir. Como dije en el Capítulo 4 cuando repasé la teoría del 2 en 1, un final feliz solo se produce cuando lo construimos diariamente.

> *Y murió [David] en buena vejez, lleno de días, de riquezas y de gloria; y reinó en su lugar Salomón su hijo.*
>
> (1 Crónicas 29:28)

David, el famoso rey de Israel, murió anciano, con enfermedades terribles, con mucho dinero en su bolsillo y siendo honrado por su pueblo. También deberías saber que una de las mayores preocupaciones de cualquiera que ha construido un legado es la sucesión, es decir, quién va a continuar lo que se ha hecho aquí. David no tenía ese dilema. Cuando murió, su hijo Salomón tomó el reino siguiendo lo que había comenzado su padre.

Observemos las propias palabras de Salomón en Eclesiastés 7:8a

> *Mejor es el fin del negocio que su principio.*

David terminó su vida mejor que cuando la comenzó, y sin duda alguna, esta es la vida que todos en el mundo quieren vivir. Sin embargo, como le ocurre a cada ser humano, el rey que había sido pastor de ovejas en la adolescencia tuvo que hacer frente a duras batallas en su vida.

Tuvo graves problemas con algunos inevitables. Su esposa Mical[82] es un ejemplo. También tuvo que solventar varios escándalos y algunas persecuciones a manos de sus hijos.[83]

---

82. Mical, hija del rey Saúl, se enamoró de David, un gran guerrero, y quiso casarse con él. Sin embargo, después se llevó con ella un objeto indebido, y en otra ocasión ella rechazó a su esposo en su corazón. El relato de la historia de Mical y David lo puedes leer en 1 Samuel 14, 18-19, 25; 2 Samuel 3, 6 y 1 Crónicas 15.
83. Tamar fue violada por su hermanastro Amnón. Absalón, enfurecido, decidió vengar a su hermana con sangre y mató a Amnón. Lee el relato en 2 Samuel 13.

El rey cometió muchos errores que produjeron terribles consecuencias a su vida y a Israel.

Pero, después de todo, ¿qué ser humano no ha cometido nunca un error?

David fue intenso en todo lo que hizo. Fue un hábil guerrero con la espada, pero tuvo un "temor de Dios" especial y visible, un profundo respeto por la voluntad de Dios. No se atrevía a interponerse en el camino de la guía divina. Sin embargo, esto no le impidió romper reglas de la vida ética, moral, y lo que hoy llamaríamos vida cristiana. Por ejemplo, desea a una mujer que no es la suya, se acuesta en la cama con ella, crea una trama para matar a su esposo, y lo lleva a cabo.[84] Sí, David era humano y tenía impulsos como todo ser humano. Por eso precisamente lo estamos estudiando. Él era uno de los nuestros, ¡pero **terminó bien!**

Y ¿cómo es posible que alguien tan "como nosotros" sea llamado *"un hombre conforme al corazón de Dios"*?[85]

Pues bien, veamos:

1. David era un rey, pero tenía amigos genuinos. Jonatán, el hijo de Saúl, fue solo el primero de muchos amigos. David sabía cómo mantener esferas de amistad. Tenía amigos íntimos, pero también amigos necesarios y estratégicos.

2. David era poderoso, pero la simplicidad era su rutina. Tocaba el arpa y bailaba con gozo. La felicidad se hallaba en la simplicidad. Mientras más compleja se vuelve tu vida, más se aleja de nosotros la felicidad.

---

84. Este es el pecado más famoso de David: la lujuria de la esposa de su soldado. Dejó embarazada a Betsabé y ocultó que ese embarazo era resultado de una traición. Puso al soldado en el frente de batalla para que muriese. Después de eso, David se casó con ella, y al ser reprendido por el profeta de Dios, se arrepintió amargamente. Lee más en 2 Samuel 11 y 12.

85. Hechos 13:22 dice: "He hallado a David hijo de Isaí, varón conforme a mi corazón, quien hará todo lo que yo quiero".

3. Tenía muchos enemigos, pero nunca fue derrotado. David sabía cómo formar equipos para protegerlo. La Biblia dice que muchas veces alguien de su equipo lo salvó (por ejemplo, una vez Abisai lo protegió de un filisteo).

4. Tuvo momentos de ira, pero tenía un corazón quebrantado. Esto de nunca verse como superior hizo que David reconociera sus errores rápidamente, manteniéndose así bajo la gracia de Dios, como cuando el profeta Natán lo reprendió ¡por desear la mujer de uno de sus soldados!

5. Era provocado, pero nunca entraba en guerras que no fueran suyas, como cuando tuvo la oportunidad de hacerse con el trono de Israel si mataba a Saúl, pero rehusó hacerlo.

6. Sabía lidiar con los inevitables, como en el caso de su hijo Absalón, quien lo traicionó e intentó usurpar el trono.

Tenemos que entender que David sabía usar el silencio, proteger su corazón (emociones) con el escudo de la humildad y, por encima de todo, ¡temía a Dios! Tomemos nota de estas tres características de un ESPECIALISTA en personas:

* No habla mucho
* Es humilde
* Teme a Dios por encima de todo

EL SECRETO DE DAVID: CÓMO SER HUMANO Y QUE TE VAYA BIEN EN LA VIDA AL MISMO TIEMPO

No deberíamos permitir que nadie se fuera de nuestra presencia sin sentirse mejor o más feliz.
Madre Teresa de Calcuta

Ese pastorcito que se convirtió en un rey legendario era un especialista en personas.

Sí, querido amigo, ¡David sabía lidiar con las personas! Esto, para mí, fue el bien más grande del adolescente rechazado por su familia y del que se burlaban sus hermanos.

Desde el principio de su historia en la Biblia, verás a Isaí olvidándose de David cuando el profeta Samuel llega a su casa buscando al siguiente rey de Israel.[86] Por otro lado, no hay indicación alguna de que David se hubiera olvidado de su padre.

Encontrarás a sus hermanos riéndose de él. Cuando David fue a llevar comida a sus hermanos al campo de batalla contra Goliat, ellos se rieron de él porque quiso luchar, pero nunca verás a David devolviéndoles ese mal.[87]

Esa afrenta llegó exactamente de los que eran su propia sangre y en la famosa batalla contra el gigante. ¿Sabes lo que hizo David? Se enfocó en la misión que tenía que realizar, y no en el fastidio de los inevitables.[88] ¿Lo has entendido?

Al huir de Absalón, su propio hijo que acababa de usurpar su trono, mientras Simei lanzaba maldiciones por el camino e insultaba duramente al usurpador, David dejó a un lado esta fea afrenta.[89]

En una ocasión se enojó tanto, que quiso matar a Nabal, un hombre rico que había rehusado alimentar a su ejército. Al oír una humilde petición de Abigail, esposa de Nabal, quien tras quedarse viuda se convertiría en su esposa, David se avergonzó y cambió de idea.[90]

Ya era rey cuando se convirtió en el amante de Betsabé e hizo que Urías, su esposo, muriera. David se arrepintió en cuanto escuchó la

---

86. 1 Samuel 16.
87. 1 Samuel 17.
88. Idem.
89. 2 Samuel 16 y 17.
90. 1 Samuel 25.

reprensión del profeta, e hizo todo lo posible para que otras personas no resultaran heridas como consecuencia de su error.[91]

Cuando tuvo que huir de su suegro Saúl, se escondió en una cueva; al tener la oportunidad de vengarse y matar a Saúl, decidió quedarse allí y entrenar a su ejército.[92]

HAY PERSONAS A LAS QUE SIMPLEMENTE CONOCEMOS; A OTRAS, DIOS NOS LAS PRESENTA.

Durante el proceso de convertirte en un especialista en personas, conocerás a muchas personas. A algunas de ellas, Dios mismo las pondrá en tu camino.

Algunas personas son un consuelo para ti; otras son confidentes; algunas entrarán en tu vida para desafiarte a crecer y dar el siguiente paso. Otras serán la prueba de tu paciencia, y eso no significa que no hayan sido enviadas por Dios. Algunas te lastimarán, pero eso no te derribará, sino que te servirá de palanca para tu madurez.

Una cosa es segura: ¡serás afilado!

Hierro con hierro se aguza y así el hombre aguza el rostro de su amigo.[93]

Dios puso a Jonatán en el camino de David. Él fue un amigo leal y verdadero, y se mantuvo al lado de David en sus peores momentos. Sin embargo, no todos los amigos son así. En Salmos 41:9 leemos lo siguiente:

Aún el hombre de mi paz, en quien yo confiaba, el que de mi pan comía, alzó contra mí el calcañar.

---

91. 2 Samuel 12.
92. 1 Samuel 24.
93. Proverbios 27:17.

En este versículo, David habla sobre otros amigos que lo llevaron a otro nivel de madurez. Sé que no es fácil, pero es así como aprendemos los seres humanos.

DE REGRESO A LA PELEA ENTRE EL MUNDO IDEAL Y EL MUNDO REAL

Comenzamos este libro hablando de cuán bueno sería si viviéramos en el mundo ideal. Este mundo ya ha existido un día y se conoció como el Huerto del Edén.

¡Ahora, piensa conmigo! Ese era el lugar perfecto. La comida era perfecta. El tiempo era perfecto. La relación con Dios era perfecta. ¡Todo era perfecto! Y, aun así, ¡los seres humanos lo estropearon!

Piensa ahora en este mundo real en el que vivimos, ¡y está muy lejos de la perfección!

Ya conocemos esta teoría: deberíamos amarnos los unos a los otros; deberíamos perdonar 70 veces 7 (es decir, todas las veces); deberíamos buscar la paz en todas las situaciones; deberíamos recorrer la segunda milla; deberíamos poner la otra mejilla, y demás. Sin embargo, vale la pena hablar de esto, porque en teoría es sencillo, pero en la práctica… lidiar con las personas es un reto diario para cualquiera, particularmente para los que creen en Jesús y anhelan la eternidad.

Por lo tanto, vienen a mi mente tres preguntas:

- ¿CÓMO amarnos los unos a los otros?

- ¿CÓMO perdonar siempre?

- ¿CÓMO buscar la paz en todas las situaciones?

Para responder a estas preguntas, debemos acudir a tres pilares básicos. Sirven para resolver cualquier situación difícil que tengas con cualquier persona con la que te relaciones, ya sea en alguna de las tres esferas de la amistad, o en la teoría del 2 en 1 (matrimonio); ya sea con los inevitables (familiares, compañeros de trabajo, vecinos puerta con puerta, etc.), o los evitables (personas con las que no convives, como el camarero que te sirve en el restaurante o la mujer del mostrador del aeropuerto). Aprendamos más sobre estos tres pilares básicos para resolver cualquier situación difícil que podamos vivir con las personas, como ocurrió con David, el caso real de la sabiduría antigua que estamos siguiendo en este capítulo:

ORACIÓN

El primer pilar que sostiene a una persona y le ayuda a resolver cualquier situación es la oración.

> **ORAR ES CONSULTAR CON AQUEL QUE YA HA VISTO EL FUTURO.**

¡VAYA! Si es posible consultar con alguien que conoce el resultado de cualquiera de tus decisiones, para que puedas decidir cuál es la mejor alternativa, ¿por qué no? Antes de actuar y adoptar cualquier estrategia, tienes que orar pidiéndole a Dios sabiduría, claridad, dirección y señales. Quizá incluso intentes encontrar una buena excusa en tu cabeza, como: "Es que yo no soy de ninguna religión". "Orar es para fanáticos", o incluso: "Pero a mí no me gusta orar".

Mira esto entonces: ¡orar no te hace ser parte de ningún sistema religioso! ¡Orar no te convierte en un fanático! ¡Orar no tiene nada que ver con que te guste o no te guste! Orar es una necesidad de todo ser humano, considerando que somos cuerpo, alma y espíritu. La comida es para el cuerpo; la inteligencia emocional es para el alma; la oración es la comida del espíritu.

Quizá no te guste comer todos los días, o ser un fanático de algunos vegetales o legumbres. Pero, aun así, no dejas de nutrir tu cuerpo. ¿Por qué lo vas a hacer distinto con tu espíritu?

La oración es indispensable. El cuerpo humano no sobrevive sin agua o comida. El alma también sufre sin la oración, y por consiguiente, toda tu vida sufre. ¿Sabes lo que ocurre si una persona no ingiere líquidos o alimentos? Según un reporte de la revista Superinteressante, puede implicar "graves riesgos para la salud que pueden llevar incluso a la muerte".[94]

Alimenta tu alma. Pídele a Dios que abra tus ojos, tus oídos y tu mente, y que calme tu corazón cuando te veas ante las controversias de la vida. Pídele a Dios que te ayude a ver cómo ve Él la situación por la que estás pasando. No dudes en pedir consejo sobre cómo resolvería Él esa situación si dependiera exclusivamente de Él. CREE que Él responde.

Pues bien, desde el principio hemos estado trabajando en este libro con varios conceptos de desarrollo personal denominados seculares. Esto significa que no pertenecen necesariamente a un modo de pensar cristiano. Lo hice porque la ciencia existe para ayudarnos con herramientas que nos hagan crecer.

Sin embargo, te aseguro que, **si con Dios es difícil, sin Él,** el arte de "apoyarnos unos a otros" **se vuelve imposible.**

Para los que tienen la fuerza divina todo es más fácil, la vida es más ligera. Esto no significa que no haya problemas; ¡ya quisiéramos! De hecho, significa que poseemos la antigua sabiduría divina para compartir nuestros dolores y a la cual pedir guía.

Entiende que estoy hablando de Dios, no de religión. Muchas personas religiosas viven una vida pesada porque nunca conocieron a Dios, solo adoraron reglas que los hombres crearon en nombre de Él.

---

94. Disponible en http://super.abril.com.br/mundo-estranho/quanto-tempo-resistimo-sem-comer-nem-beber. Consultado en línea 18 de septiembre de 2019.

La ciencia existe para sumar, añadir, catalizar nuestro desarrollo como seres humanos, pero sé que, sin una conexión divina, todo se vuelve vacío y sin sentido.

Nuestro desarrollo humano solo alcanza su plenitud cuando busca la eternidad.

NUESTRO DESTINO ES LA ETERNIDAD; ESTA TIERRA SOLO ES UN PROCESO PARA LLEGAR ALLÍ.

Si estás leyendo este libro con mucha atención, ya te habrás dado cuenta de que los principios antiguos apoyan todas las teorías presentadas aquí. Por lo tanto, si realmente quieres ser un especialista en personas, orar es vital.

Cuando yo era niño, mi papá siempre me decía: "Tiago, la oración es la clave para la victoria". Suena a cliché, pero a mí me funcionó. Nunca he querido ser un perdedor en la vida, ¡así que siempre he orado mucho! Y seguí el consejo de mi papá, que hasta la fecha me anima a que cada día tenga una vida de oración.

Conversar con Dios (que es el significado real de orar) tiene efectos poderosos e inmediatos. ¿Quieres un ejemplo de esto?

Echa un vistazo al siguiente equipaje:

Ahora imagínate que me dirijo a ti y digo: "Tengo una recompensa increíble para ti. Te garantizo que valdrá la pena. Pero, para recibir esta recompensa y sus beneficios, tendrás que cargar este equipaje durante 10 kilómetros. Al término de la ruta cargando estas cosas de aquí, todo tendrá sentido en tu vida y serás mucho más feliz".

Tú te asustas un poco, pero te emociona la recompensa. Entonces estás dispuesto a considerar el peso y el volumen que tendrás que cargar... y revisarás el equipaje un poco mejor:

¡Piensa en un volumen y un peso! Va a ser doloroso, ¿verdad?

Imagínate que yo cargo todas las cosas que tendrás que llevar y te intercambio el equipaje. Entonces, concentro todo el volumen en una sola maleta con ruedas…

Observa que no me he propuesto intercambiar el peso, pues sigue siendo el mismo. Lo único que ha cambiado ha sido que es un poco más fácil de llevar ahora.

Así es la vida de una persona que intenta relacionarse con otras personas sin orar, sin el Espíritu Santo, y sin poner en práctica los principios bíblicos, comparado con otra que usa el poder de Dios en su vida. Con el poder de Dios (la oración) es más fácil llevar el peso de nuestra vida diaria, el peso de los defectos de otras personas, y el peso de los errores que cometen contra nosotros.

No se trata de religión. Se trata de fe con estrategia.

INTELIGENCIA EMOCIONAL

El segundo pilar que sostiene a cualquiera y ayuda a resolver cualquier situación es la inteligencia emocional.

Tener inteligencia emocional no es negar tener pensamientos y sentimientos negativos. Tampoco es culparnos por tener pensamientos y sentimientos indeseados.

Como recordamos al principio de este capítulo, hay una gran diferencia entre el mundo ideal y el real. En este mundo real, ciertamente tendrás esos pensamientos y sentimientos no ideales.

En un renombrado estudio dirigido por el difunto Daniel Wegner, profesor de Harvard, se pidió a los participantes que evitaran pensar en osos blancos. Cuando les preguntaron, dijeron que les costó hacerlo.[95]

---

95. Disponible en https://amantemaravilhosa.com.br/sonho-de-wegner-efeito-supressao-de-pensamentos. Consultado en línea 19 de septiembre de 2019.

LO QUE LA CIENCIA LLAMA INTELIGENCIA EMOCIONAL, LA BIBLIA YA LO MENCIONÓ COMO FRUTO DEL ESPÍRITU:[96] AMOR, GOZO, PAZ PACIENCIA, BENIGNIDAD, BONDAD, FE, MANSEDUMBRE Y TEMPLANZA.

Del mismo modo, si yo te digo ahora: "no pienses en la envidia" o "no pienses en cosas feas o represibles", probablemente te veas inducido a pensar en eso.

¿Alguna vez has estado a dieta? ¿Alguna de esas muy restrictivas, llena de prohibiciones? En caso de que sí, seguro que recuerdas que incluso soñabas con pizza, tarta de chocolate blanco, lasaña, refrescos, papas fritas, helado, chocolate... ¡qué delicia! Eso nos hace recordar la estrofa de una canción: todo lo que me gusta es ilegal, inmoral o me engorda".[97]

Pero resulta que la inteligencia emocional es parte de lo evitable. Si es inevitable controlar (la parte de Dios) lo que piensas y sientes, es evitable permitirte quedar atrapado en estos pensamientos y sentimientos negativos como un pez en el anzuelo. ¿LO ENTIENDES?

Funciona así: no puedes controlar lo que te sucede y viene de otros, pero la BUENA NOTICIA es que, sí, tienes la capacidad de controlar cómo reaccionas a lo que hicieron contra ti.

De acuerdo, te daré algunos consejos para que puedas desarrollar la inteligencia emocional a partir de ahora.

En primer lugar, **reconoce tus patrones**: evita situaciones detonantes que puedan producir cosas que quieres evitar.

---

96. El fruto del Espíritu está registrado en Gálatas 5:22-23.
97. Canción escrita por Roberto y Erasmo Carlos.

Hace años atrás, decidí anotar cada vez que me ponía nervioso con algo y perdía el control de algún modo. Para ello, hice un borrador con algunas preguntas sencillas en un papel:

¿Cuándo?

¿Con quién?

¿Por qué?

¿Dónde?

En ese entonces, sucedió algo que me marcó. Le pedí a Jeanine que transfiriera una pequeña cantidad de dinero a mi cuenta personal porque iba a salir con algunos amigos. Como ella dirige los recursos de nuestro hogar y estaba ocupada, solo se quejó y dijo que lo haría cuando tuviera tiempo. Yo exploté de enojo y dije en voz alta: "¡Este dinero es mío!".

Fue una escena tan ridícula y absurda, que de inmediato me di cuenta y pedí perdón.

Pero tomé nota: cuándo, con quién, por qué, dónde.

¿Sabes lo que descubrí después de meses de preguntar? Había un patrón en mis explosiones. El detonante sucedía CUANDO yo quería hacer algo que me daba placer (como salir con amigos o ir al campo de fútbol a ver un partido), y mi esposa (en este caso) me ponía algún límite con la excusa del tiempo. Es interesante recordar que nunca "explotaba" en público, siempre en la casa. Pues bien, sigamos:

Cuándo: buscando situaciones de placer

Con quién: con mi esposa

Por qué: porque ella controlaba los recursos económicos y me estaba poniendo límites

Dónde: en la casa

Por lo tanto, llegué a la conclusión de que mi detonante se activaba cuando un placer se veía obstaculizado por el dinero.

Amigos, esto es liberador.

¡SOLO CAMBIAS AQUELLO QUE IDENTIFICAS!

¡Este detonante estaba totalmente relacionado con mis dificultades en la vida! Como tuve muchas restricciones económicas siendo adolescente, e incluso en mi vida adulta, no admitía emocionalmente que me podaran con la falta de algún recurso. También descubrí en mí un gran acto de cobardía, porque nunca tenía el valor de hacer eso con otra persona que no fuera Jeanine. Solamente en la casa y con la parte más frágil de mi relación 2 en 1, que es mi esposa.

Puedo decir que estoy hablando de mi pasado. Eso sucedió hace unos años atrás. Lo identifiqué, me arrepentí y lo corregí.

¿Y tú?

¿Quieres hacerte un chequeo emocional?

En segundo lugar, **intenta racionalizar las situaciones:** *nombra tus pensamientos y sentimientos.* Sé sincero contigo mismo.

Nombra tus sentimientos. Dilo en voz alta, delante de tu espejo, por ejemplo: "Estoy sintiendo rencor. El nombre de este sentimiento es ira".

Entonces pregúntate:

¿Por qué me siento así?

¿En relación a quién?

¿Es un sentimiento real o me estoy imaginando cosas?

Y ahora, ¿qué debería hacer?

Para convertirte en un especialista en personas necesitas el fruto del Espíritu, renunciar a los instintos primitivos de la carne, a los impulsos humanos: "adulterio, fornicación, inmundicia, lascivia, idolatría, hechicerías, enemistades, pleitos, celos, iras, contiendas, disensiones, herejías, envidias, homicidios, borracheras, orgías y cosas semejantes a estas".[98] Seguro que nadie será capaz de ser un especialista en personas si "las obras de la carne" son mayores que las del Espíritu (inteligencia emocional).

Obra de la carne	Obra del Espíritu
Inmoralidad sexual	Amor
Inmundicia	Gozo
Lascivia	Paz
Idolatría	Paciencia
Hechicerías	Benignidad
Enemistades	Bondad
Pleitos	Fe
Celos	Mansedumbre
Iras	Templanza
Contiendas	
Disensiones	
Herejías	
Envidias	
Borracheras	
Orgías	
Cosas semejantes a estas	

La diferencia entre los animales irracionales y los seres humanos es esta: tú fuiste creado a imagen y semejanza de Dios. ¡Tienes la capacidad de MEDITAR las cosas y DECIDIR frenar un ciclo de disensiones! Después de todo, históricamente hablando, un *hater* nunca ha tenido éxito en la vida.

Teóricamente, tú sabes cómo resolver cada situación e intentar conseguir acercarte más y más a la realidad que a la teoría. Basta con

---

98. Gálatas 5:19-21.

preguntarte: "En todas las situaciones, ¿qué haría Jesús en mi lugar?" y "¿cómo puedo imitar los pasos del Maestro?".

Actúa en consonancia con tus valores.

¿Tienes una lista de valores? ¿No? Hazla ahora mismo. Pon en ella todo lo que no negociarías nunca. Es bueno tenerla escrita y siempre a la vista.

Mi lista de valores
1.
2.
3.
4.
5.

En tercer lugar, **¡cambia el enfoque!**

¡Esto es importante!

Establece un periodo específico para meditar las situaciones, pero no te pierdas en él. El que cultiva un limonero no puede pretender recoger naranjas, ¿verdad? Del mismo modo, ¡emplea tu tiempo solo en lo que quieras recoger! Esta es la famosa ley de la siembra.

Meditar situaciones difíciles y decidir reaccionar de la mejor manera no debería ser un puente para un proceso de quejas y murmuración. No sirve de nada actuar correctamente y después seguir quejándose por la situación... Por lo tanto, ¡cambia el enfoque!

Decide, actúa en la situación difícil, y después busca lo que resta en la vida, preferiblemente lo que te aporta agrado y alegría.

Por ejemplo, si te resulta difícil lidiar con los inevitables y ya has decidido soportarlos solamente en fiestas familiares, acostúmbrate a la idea y piensa en una "recompensa" poco después. Hazte un regalo a ti mismo. Por ejemplo, una tarde en el sofá, un paseo por el parque, o un momento de alegría haciendo algo que te gusta y te aporta placer.

Recuerda que orar es el primer pilar, y entrega a Dios todos estos momentos. Así, siempre tendrás limpio tu corazón, sin aferrarte demasiado a las situaciones difíciles, es decir: sin ser como el pez atrapado por el anzuelo de la ira, el resentimiento, la tristeza...

Lo más importante en esta entrega es que ya no eres un objetivo, ¿lo ves? La ofensa es la mayor estrategia de nuestro enemigo para abrir un hueco en nuestro corazón. Si no le permites que entre, no quedarás atrapado. Lo mismo se aplica en el caso de tus acciones: no ofendas y no cultives ofensas.

Recuerda que tu alma no es un territorio extranjero. Tú tienes la custodia de tus emociones.

COMUNICACIÓN DIRECTA Y NO AGRESIVA

Siento que tus palabras me sentencian,
que me juzgan y me apartan de ti,
pero antes de irme, tengo que saber
si es eso lo que quieres decirme.

Antes de erigirme en mi defensa,
antes de hablar herida o asustada,
antes de levantar esa pared de palabras,
quiero saber si verdaderamente he oído.

Las palabras son ventanas o son muros;
nos condenan o nos liberan.
Ojalá que al hablar o al escuchar
resplandezca la luz del amor a través de mí.

Hay cosas que necesito decir,
cosas muy significativas para mí.
Si no me expreso claramente con mis palabras,
¿me ayudarás a ser libre?

Si te pareció que quise rebajarte,
si creíste que no me importabas,
trata de escuchar a través de mis palabras
los sentimientos que compartimos.

Este poema de Ruth Bebermeyer está en el libro *Comunicación no violenta*. Qué mensaje tan potente expresa. Qué choque en medio de la dulzura de la poesía.

La realidad más difícil es que puede haber un abismo entre lo que digo y lo que el otro entiende acerca de lo que digo. ¿Quién no ha malinterpretado algo alguna vez? Que tire la primera piedra el que nunca haya dicho algo y se haya arrepentido del modo en que lo ha expresado.

SÍ, apreciados lectores, la comunicación es una herramienta MUY IMPORTANTE en la construcción de las relaciones. Más que una herramienta, es un pilar, porque así como orar y la inteligencia emocional, sostiene las relaciones.

Quizá tú nunca seas, por ejemplo, un destinatario o un portador de chismes. De algún modo, tal vez dejas pistas en el Internet o hablas "a espaldas de alguien". Jesús, el principal ejemplo de ser humano, nos ha enseñado eso. Él, que fue y es el mayor especialista en personas de todos los tiempos, llama a los fariseos "raza de víboras", pero lo hizo en su cara, no a sus espaldas susurrándolo a sus discípulos.

EL PROBLEMA NO ES LO QUE UNO HABLA, SINO CÓMO LO HACE.

Por eso, para convertirte en un especialista en personas tendrás que entender la importancia de comunicarte de una forma vigorosa.

La comunicación asertiva es un tema tan amplio e importante en sí mismo, que vale la pena escribir todo un libro al respecto. Sin embargo, decidí resumir para ti las lecciones que considero más importantes para una comunicación exitosa. En definitiva, mi interés aquí no es ser excesivamente teórico, sino ofrecer herramientas que te permitan diariamente lidiar mejor con las personas que te rodean.

¡Allá vamos!

PRINCIPIOS BÁSICOS PARA UNA COMUNICACIÓN NO AGRESIVA Y DIRECTA

1. SIEMPRE QUE PUEDAS, SONRÍE: a menos que el tema del que estés hablando sea triste, pesado, o demasiado serio, intenta sonreír y ser todo lo amable que puedas.

2. MIRA A LOS OJOS MIENTRAS LE HABLAS A ALGUIEN: los ojos son la ventana del alma, y es a través de ellos como creas la conexión con las personas.

3. CUANDO SEAN NECESARIOS UN DIÁLOGO ABIERTO Y ALINEACIÓN DE EXPECTATIVAS, INTENTA HABLAR PERSONALMENTE: si no es posible, haz una llamada telefónica. La comunicación escrita es un regalo que no todo el mundo tiene. Especialmente si son amigos cercanos o incluso necesarios, y principalmente las personas inevitables. Las personas se sienten importantes cuando intentas mantener un diálogo personal o les llamas por teléfono (esto nadie lo hace ya en la actualidad).

4. **REFLEXIONA, MEMORIZA, Y USA LAS SIGUIENTES IDEAS/FRASES CUANDO HABLES SOBRE LA ALINEACIÓN DE EXPECTATIVAS:**

    a. Todos tenemos distintos puntos de vista. ¿Cómo podemos conciliarlos?

    b. Muéstrame o dime cómo te sientes. Entonces yo también hablaré de cómo me siento.

    c. ¿Puedes arrojar algo de luz sobre este problema?

    d. ¿Qué esperas de mí? ¿Estás listo para oír acerca de lo que espero de ti?

    e. ¿Cómo podríamos actuar a partir de ahora para entendernos mejor?

5. **EN CASOS DE COLISIÓN O AGRESIÓN, INTENTA USAR LAS SIGUIENTES IDEAS/FRASES:**

    a. Sé objetivo: el que habla mucho, tiende a arrepentirse mucho.

    b. Me gustaría discutir este asunto de una forma precisa y ligera, sin agresiones personales. ¿Podemos llegar a un acuerdo?

    c. Me gustaría discutir este punto con tranquilidad. Por favor, deja de provocarme.

    d. No nos desviemos del objetivo de nuestra conversación.

    e. Ese comentario es ofensivo. Creo que tendremos que terminar nuestra conversación aquí, para no acalorarnos mucho o perder la cabeza.

Al leer por primera vez estas herramientas de comunicación, pueden parecer imposibles de poner en práctica. De hecho, sin embargo, son herramientas que los grandes héroes bíblicos usaron para marcar la diferencia y entrar en la historia por ello. Son estrategias para que edifiques un final mucho mejor que tu comienzo.

Tú no escogiste dónde nacer, pero puedes decidir cómo vas a vivir.

No tuviste la oportunidad de elegir quiénes serían tus padres, pero puedes decidir el tipo de padre o madre que serás.

Decisión > Comunicación > RESULTADOS

Decide cómo guiarás tus sentimientos, tus reacciones y actitudes.

Comunícate de una manera certera y directa.

¡Espera los resultados!

Jesús, la Imagen del Dios invisible. ¿Qué significa?

[...] con gozo dando gracias al Padre que nos hizo aptos para participar de la herencia de los santos en luz; el cual nos ha librado de la potestad de las tinieblas, y trasladado al reino de su amado Hijo, en quien tenemos redención por su sangre, el perdón de pecados.

*Él es la imagen del Dios invisible, el primogénito de toda creación. Porque en él fueron creadas todas las cosas, las que hay en los cielos y las que hay en la tierra, visibles e invisibles; sean tronos, sean dominios, sean principados, sean potestades; **todo fue creado por medio de él y para él**. Y él es antes de todas las cosas, y todas las cosas en él subsisten.*[99]

Aprendemos que el mundo refleja lo que presentamos como un espejo. Del mismo modo, Jesús es el reflejo de Dios en un espejo, es la demostración de cómo es Él.

---

99. Colosenses 1:12-17, énfasis añadido.

No solo digo que Jesús es "la muestra gratuita" del cielo, por el alto precio que pagó para que hoy sepamos que es posible la Eternidad. Porque realmente no fue gratis, ya que costó la sangre del Hijo de Dios en la cruz por nuestros pecados.

Escribo este último capítulo con lágrimas en los ojos porque reconozco que mi vida, y todo lo que estoy experimentando hoy, no sería posible si Jesús no me hubiera perdonado mis pecados incluso antes de que los cometiera, y si por su gracia y su misericordia no me hubiera enseñado el camino para sobrevivir aquí en la tierra mediante su biografía: los cuatro Evangelios.

En este momento estoy cruzando el Pacífico, de regreso a casa. Sentado en un avión, observando a las azafatas de vuelo moviéndose de un lado para otro, vino una imagen a mi mente que me hizo entender toda la "prisa" de mi vida.

Paso tanto tiempo viajando a causa de mi trabajo, que hay días que ni siquiera recuerdo en qué ciudad estoy. Hay periodos en los que no puedo contener las lágrimas al pensar en lo mucho que extraño mi casa y a mis hijos. En muchos momentos, al mirarme en el espejo de un hotel, me he preguntado: "¿Por qué haces esto, hombre? Vive una vida normal. ¿Para qué todo este esfuerzo?".

En una de esas ocasiones, Jesús respondió a mi pregunta: "Lo haces porque eso es lo que yo hice por ti. Después de rescatarte y perdonarte, te confié la misión de salvar (predicar el evangelio), entrenar e inspirar a la gente (mediante cursos, conferencias y libros)". Más que listo, respondí: "¡Aquí estoy, Señor!".

Hoy vivo para mejorar la vida de las personas por TODO lo que Jesús hizo por ellas. Según lo que la Biblia ha revelado, Cristo estaba en la eternidad, caminando por las calles de oro entre mansiones celestiales, adorado 24 horas al día por ángeles y arcángeles, y decidió dejar todo eso atrás para venir a esta tierra y comprar a precio de sangre lo único que había aquí abajo que el cielo no tenía: ¡PERSONAS!

TODO fue por ti y por los que te rodean.

El propósito de este libro (hacerte un especialista en personas) es solo porque nada agradaría más a Dios que el hecho de que aprendas a cuidar de los que Él decidió salvar.

APRENDE A CUIDAR DE LOS QUE JESÚS DECIDIÓ SALVAR.

Al haber recorrido juntos los capítulos previos de este libro, sabemos que es difícil lidiar con las personas, y que muchas de ellas nos hacen mucho daño. También sabemos que tú y yo le dimos la misma cantidad de trabajo a Dios y, sin embargo, Él prefirió amarnos y salvarnos.

Terminé este libro dejando claro que no hay otra manera: ¡APRENDE a lidiar con las personas! Sé humilde, paciente y siempre dispuesto a perdonar, porque no se trata de tus sentimientos o emociones. El PROPÓSITO es divino y eterno, y se trata de salvar personas.

Técnicamente, Jesús debió ser un líder religioso, pero se resistió a este "título" cuando mostró públicamente que *la vida de una persona es más valiosa que cualquier ley religiosa*:

Entonces los escribas y los fariseos le trajeron una mujer sorprendida en adulterio; y poniéndola en medio, le dijeron: Maestro, esta mujer ha sido sorprendida en el acto mismo de adulterio. Y en la ley nos mandó Moisés apedrear a tales mujeres. Tú, pues, ¿qué dices? Mas esto decían tentándole, para poder acusarle. Pero Jesús, inclinado hacia el suelo, escribía en tierra con el dedo. Y como insistieran en preguntarle, se enderezó y les dijo:

El que de vosotros esté sin pecado sea el primero en arrojar la piedra contra ella. E inclinándose de nuevo hacia el suelo, siguió escribiendo en tierra. Pero ellos, al oír esto, acusados por su conciencia, salían uno a uno, comenzando desde los más viejos hasta los postreros; y quedó solo Jesús, y la mujer que estaba en medio. Enderezándose Jesús, y no viendo a nadie sino a la mujer, le dijo: Mujer, ¿dónde están los que te acusaban? ¿Ninguno te condenó? Ella dijo: Ninguno, Señor. Entonces Jesús le dijo: Ni yo te condeno; vete, y no peques más".[100]

A Jesús no le importaba la religiosidad. Él lloraba por las personas. Vivió para enseñar a las personas. Murió en la cruz y resucitó por nosotros, y todo esto lo hizo para redimir a las personas.

Se trata de las personas y de nosotros.

¡Sé un especialista en personas!

¡Ama como Él ama!

> **"Quizá sea culpa del que cuenta chismes, pero es tu responsabilidad cuando revelas secretos a quienes no deberían tener acceso a tu corazón".**

---

100. Juan 8:3-11.

Capítulo 9

RECONOCIMIENTOS

Dar las gracias a todos los que han aportado algo a mi vida, y particularmente a este proyecto, llenaría otro libro. Nadie consigue grandes cosas solo, y yo no soy ninguna excepción. Muchos me han ayudado hasta aquí. Soy el resultado de un trabajo conjunto.

Estoy agradecido con Dios por el privilegio de tener amigos, socios, colaboradores, equipo y familia que me moldean, impulsan, animan, corrigen y aconsejan.

Gracias a Jeanine, mi esposa, por los años que lleva creyendo en mí y en mis ideas, incluso con todas mis limitaciones. Nine, siempre has creído que podía ayudar a las personas a través de los libros. ¡Gracias!

Gracias a mis hijos, que son la inspiración que necesito para continuar. Mientras escribía este libro llegó Jasmim, nuestra cuarta hija. Durante los nueve meses de embarazo seguí enfocado en mi computadora y mis libros, ¡preparando este material para ti!

Julia, José, Joaquim y Jasmim, ¡papá les ama!

Estoy agradecido por mis editores Cassiano Elek Machado y Marília Chaves (quienes creyeron en el tema de este libro), Xavier Cornejo (que me representa en el extranjero y me aconseja en publicaciones internacionales) y Gisele Romão (que revisó este libro y me ayudó con las investigaciones). Me animas, puliendo y sacando lo mejor de mí. Gracias por los consejos, la dedicación, la corrección y el afecto. Gracias a la editorial Planeta por creer en este trabajo.

También doy gracias a mi hermano, Daniel Brunet, que siempre me ayudó a escribir con equilibrio. Y a Marcos Simas, que creyó en mi potencial y abrió puertas por las que nunca había soñado con poder entrar.

Mi equipo: Cleiton Pinheiro, Mario Brunet, Maycon Estevam, y todos los demás que estuvieron a mi lado discutiendo las ideas presentadas aquí.

Si sacara de mi vida a las personas mencionadas en estos reconocimientos, este libro habría sido imposible.

Tengo que honrar a lo que me inspira y me da fuerzas para ser fiel a mi propósito en la vida: la fortaleza divina que conozco como el Espíritu Santo.

Como Jesús mismo dijo una vez: "sin mí, nada pueden hacer".

¡Lo reconozco!

Capítulo 10

CONSEJOS FINALES

Me tomó un tiempo considerable de mi vida llegar a ser un especialista en personas.

Pero te aseguro que soy lo que soy porque aprendí a lidiar con ellas.

Como has podido leer en las páginas de este libro, he cometido muchos errores, y si hubiera tenido el bagaje emocional, la sabiduría y la atención a los consejeros en mi vida que tengo hoy, lo más probable es que no habría cometido muchos de ellos. Por supuesto, sigo cometiendo errores con las personas, pero ahora sé cómo corregirlos, y busco la reconciliación y el perdón rápidamente.

Esa es exactamente la razón por la que te presento esta sabiduría. Si aprendes y pones en práctica lo que hemos trabajado juntos, tu vida será mucho mejor. Digo esto con seguridad, porque sé y afirmo siempre lo siguiente: todo está relacionado con las personas. Si sabes cómo lidiar con las personas, tendrás una vida mucho más feliz y más fácil.

Por lo tanto, termino con la guinda del pastel: dos consejos preciosos que inundan todo aquello de lo que habla este libro.

CONSEJO 1

Nunca serás un especialista en personas si no entiendes cómo funcionas tú mismo: tus limitaciones, tus habilidades, tus traumas y tus virtudes.

A fin de cuentas, es como siempre digo en mis clases y en mis libros anteriores:

EL QUE NO SE GOBIERNA A SÍ MISMO, NO PUEDE GOBERNAR NINGUNA OTRA COSA.

CONSEJO 2

¡Deja de culpar a otros!

Creo que he dejado claro que criticar al envidioso o vengarse de un atormentador no cambiará quiénes son ellos. El mentiroso no dejará de mentir solo porque le digas "algunas verdades" a través de Facebook, por ejemplo.

Por lo tanto, sigue este concepto:

QUIZÁ LA CULPA SEA DEL CHISMOSO QUE DICE LO QUE NO DEBERÍA, PERO LA RESPONSABILIDAD ES TUYA CUANDO REVELAS SECRETOS A QUIENES NO DEBERÍAN TENER ACCESO A TU CORAZÓN.

Pues bien, para que estos dos consejos sean más eficaces en tu vida, te presento más información esencial acerca del mejor especialista en personas de todos los tiempos.

JESÚS Y LAS PERSONAS: EL BUEN SAMARITANO

Jesús era un gran contador de historias. Para llegar al corazón de las personas que lo seguían, Jesús usaba parábolas, historias ficticias muy creíbles con aplicaciones para las vidas de sus oyentes. Una de las parábolas más famosas de Jesús es la del buen samaritano:[101]

> *Y he aquí un intérprete de la ley se levantó y dijo, para probarle: Maestro, ¿haciendo qué cosa heredaré la vida eterna? Él le dijo: ¿Qué está escrito en la ley? ¿Cómo lees? Aquel, respondiendo, dijo: Amarás al Señor tu Dios con todo tu corazón, y con toda tu alma, y con todas tus fuerzas, y con toda tu mente; y a tu prójimo como a ti mismo. Y le dijo: Bien has respondido; haz esto, y vivirás.*
>
> *Pero él, queriendo justificarse a sí mismo, dijo a Jesús: ¿Y quién es mi prójimo? Respondiendo Jesús, dijo: Un hombre descendía de Jerusalén a Jericó, y cayó en manos de ladrones, los cuales le despojaron; e hiriéndole, se fueron, dejándole medio muerto. Aconteció que descendió un sacerdote por aquel camino, y viéndole, pasó de largo. Asimismo un levita, llegando cerca de aquel lugar, y viéndole, pasó de largo. Pero un samaritano, que iba de camino, vino cerca de él, y viéndole, fue movido a misericordia; y acercándose, vendó sus heridas, echándoles aceite y vino; y poniéndole en su cabalgadura, lo llevó al mesón, y cuidó de él. Otro día al partir, sacó dos denarios, y los dio al mesonero, y le dijo: Cuídamele; y todo lo que gastes de más, yo te lo pagaré cuando regrese. ¿Quién, pues, de estos tres te parece que fue el prójimo del que cayó en manos de los ladrones? Él dijo: El que usó de misericordia con él. Entonces Jesús le dijo: Ve, y haz tú lo mismo".*

Una de las parábolas más famosas de Jesús, la parábola del buen samaritano, es un resumen de toda esta obra: un maestro de la ley

---

101. Esta parábola se transcribió de Lucas 10:25-37.

judía, lleno de orgullo, sarcasmo e ironía, intenta combatir a Jesús con una pregunta maliciosa.

¿Alguien te ha hecho eso a ti? Creo que sí.

¿Has notado que siempre hay personas que se creen más que otros y buscan la manera de hacer preguntas y provocar situaciones que generarán heridas?

Sin embargo, Jesús era un especialista en esquivar a este tipo de personas.

Observemos que el Maestro no golpea la ironía, pero tampoco es indiferente al enfoque malicioso de aquel judío.

Por lo tanto:

APRENDE A RESPONDER A LOS INSULTOS EMOCIONALES DE MANERA CORRECTA.

En este texto, Jesús nos da una de sus mayores enseñanzas, además de revelar cuán bueno es Él como especialista en personas.

Eran muchos los que intentaron desarticular a Jesús con ataques emocionales, como preguntas maliciosas, chismes absurdos, llamándolo cosas horribles, y esparciendo esa clásica duda sobre su verdadera identidad.

Pregunto: ¿sabes por qué los ataques eran emocionales y no legales o financieros, por ejemplo?

Porque la guerra más grande que enfrentan los seres humanos ¡se libra en el campo de batalla de las emociones!

El que gana en las emociones, gana en todo lo demás. ¿Lo entiendes?

Sobre toda cosa guardada, guarda tu corazón; porque de él mana la vida.[102]

Cuando Jesús quería abrir la mente de alguien (las personas siempre tienen una mente cerrada hasta que alguien la abre), hablaba comparando historias con la realidad. Así, los que escuchaban se podían identificar con algún personaje. Él no respondía como lo hacían la mayoría de las personas; provocaba en los demás el pensamiento crítico.

Jesús no asaltaba a nadie con acusaciones, pero al mismo tiempo, hablaba mediante parábolas que escondían los secretos de su reino. Era la forma en que Él abría la mente de las personas a asuntos prácticos y cotidianos de la vida; por ejemplo, a lidiar con las personas. Observemos que, al comienzo de la historia, un maestro de la ley judía "reta" a Jesús con una pregunta llena de sarcasmo. Ese hombre se presenta ante el Maestro con la intención de contradecir, avergonzar, desacreditar, o al menos "responder" de tú a tú al nazareno.

Cuando se dirige al Mesías, el maestro lo llama "señor" con total ironía, por supuesto. ¿Cómo puede alguien que quiere herir llamar a su objetivo por el título dado a un maestro?

Lo que probablemente este hombre no sabía era que Jesús estaba protegido emocionalmente. Aquel a quien se había dirigido llevaba el fruto del Espíritu, lo cual se ve mediante características como la amabilidad y el dominio propio.

El Mesías nunca se permitió ser arrastrado por la ironía o desanimado por la arrogancia de otros.

Pero nosotros lo permitimos con mucha frecuencia, ¿no es cierto? Nos metemos en una pelea, no aceptamos los insultos, expresamos todo lo que sentimos, vivimos el famoso "ojo por ojo".

---

102. Proverbios 4:23.

Por eso tienes que decidir si quieres tener la razón o si quieres influenciar a las personas positivamente. Jesús cambió el mundo con su influencia sin tener nunca que "luchar para tener la razón".

En este caso, para sorpresa de todos, responde al atormentador emocional como los sabios suelen hacerlo: usando preguntas. "¿Qué está escrito en la ley? ¿Cómo lees?". Jesús hizo estas preguntas a un hombre que era un maestro de la ley judía.

El hombre malintencionado ciertamente se enojó. Debió haber pensado: "¿Qué sabiduría es esta que revierte la posición de un ataque? Vine para discutir, pero ahora el confrontado soy yo".

Al preguntar "¿qué está escrito?", Jesús se quita la responsabilidad de sus hombros. Con "¿cómo lees?", el Mesías pone la responsabilidad sobre el que preguntó. ¡Jesús fue muy inteligente!

Si tuviéramos la inteligencia emocional de Jesús, ¿qué nos sería imposible?

ALGUNAS PERSONAS HIEREN. OTRAS SANAN.

Jesús sigue contando una parábola en la que un hombre es golpeado por una banda de ladrones, y se queda casi muerto en el camino. Es en ese momento de la historia cuando un samaritano lo encuentra al borde de la muerte y, al margen del menosprecio de otros que habían pasado por allí y no habían hecho nada, le ayuda, sanando sus heridas y llevándolo a una posada. Algunas personas hirieron, otras sanaron. ¡La vida sigue!

Los ladrones de gozo roban la salud y la prosperidad de ese hombre, y un buen hombre le devolvió todo. La vida es así, las personas son así, como has visto a lo largo de este libro.

Los personajes de esta historia son:

- ✦ El maestro de la ley: irónico, malicioso y envidioso, que molesta a todo el que destaque.

- ✦ Jesús: el especialista en personas.

- ✦ Los ladrones: los que solo roban lo que otros tienen.

- ✦ El hombre golpeado: herido, vulnerable, y necesitado de ayuda.

En esta escena, digna de una película, ¿quién eres tú? ¿Cuál es tu personaje? ¿Qué tipo de PERSONA eres?

JESÚS Y LAS PERSONAS: EL SERMÓN DEL MONTE

Además de enseñar mediante parábolas cuando era confrontado, Jesús también tenía el hábito de enseñar a sus seguidores y discípulos. El Sermón del Monte es una de las enseñanzas más populares e importantes del Maestro:[103]

> Oísteis que fue dicho: Ojo por ojo, y diente por diente. Pero yo os digo: No resistáis al que es malo; antes, a cualquiera que te hiera en la mejilla derecha, vuélvele también la otra; y al que quiera ponerte a pleito y quitarte la túnica, déjale también la capa; y a cualquiera que te obligue a llevar carga por una milla, ve con él dos. Al que te pida, dale; y al que quiera tomar de ti prestado, no se lo rehúses.

> Oísteis que fue dicho: Amarás a tu prójimo, y aborrecerás a tu enemigo. Pero yo os digo: Amad a vuestros enemigos, bendecid a los que os maldicen, haced bien a los que os aborrecen, y orad por los que os ultrajan y os persiguen; para que seáis hijos de vuestro Padre que está en los cielos, que hace salir su sol sobre malos y buenos, y que hace llover sobre justos e injustos. Porque si amáis a los que os aman, ¿qué recompensa tendréis? ¿No hacen también lo mismo los publicanos? Y si

---

103. Este extracto del Sermón del Monte se ha transcrito de Mateo 5:38-48.

saludáis a vuestros hermanos solamente, ¿qué hacéis de más? ¿No hacen también así los gentiles? Sed, pues, vosotros perfectos, como vuestro Padre que está en los cielos es perfecto.

EL SERMÓN MÁS FAMOSO DE JESÚS TRATA SOBRE LAS PERSONAS.

A medida que intentamos vivir según estas instrucciones de Jesús, nos da la impresión de que siempre "perderemos". Después de todo, recibir una bofetada en la mejilla y tener que presentar la otra mejilla tiene que ver con "perder". De hecho, sin embargo, estamos protegiendo nuestro destino y cortando de raíz futuros daños y reveses.

Cuando no discutimos con los que "nos golpearon en la mejilla derecha", no actuamos como necios, sino que decidimos deshacernos de ese dolor en ese mismo instante. Defendernos es expandir el dolor, el cual se puede convertir en algo que perdura toda la vida. Cuando nuestra decisión es no entrar en disputas que permanezcan, la probabilidad de resolver el problema es del 90 por ciento.

JOSÉ DE EGIPTO

Nadie puede soportar la traición. Ser traicionado es en sí mismo ser desafiado. Así que imagínate que la traición significa que tus hermanos te venden, ¡simplemente por celos! En este caso, ser vendido significa salir forzosamente de la casa de tu padre, dejar la comodidad de ese hogar, tu ropa favorita y tu desayuno especial para ir y trabajar como esclavo en una tierra extranjera.

Eso es lo que le ocurrió a José, que después llegó a ser conocido como José de Egipto.[104] Solo y en su adolescencia, José enfrentó la soledad, con distinto lenguaje y cultura y, peor aún, comenzó a dormir

---

104. La historia completa de José de Egipto está registrada en Génesis 37 al 47.

solo unas horas, a comer lo que sobraba, y a hacer lo que nunca haría si pudiera elegir.

¿Qué sentimientos tienen quienes sufren una injusticia así?

Ponte en el lugar de José. ¿Cómo lidiar con ese dolor, y con la imagen de sus hermanos riéndose en su casa mientras él sufría en una celda? Sí, una celda, porque después de ser vendido, José terminó siendo arrestado injustamente. Y eso injustamente. ¡Por envidia!

LA VIDA ES ASÍ: SUFRE MÁS EL QUE PERDONA EL ÚLTIMO.

Pasaron los años para José, e imagino que muy despacio al principio. Poco a poco, el viento del destino comienza a soplar de modo favorable para José. La conspiración divina lo sitúa en el lugar correcto en el momento correcto y con las personas correctas.

Tras pasar ese periodo crítico madurando y sin quejarse, José desarrolló dones, habilidades para lidiar con las personas, y la conducta adecuada para estar entre los más grandes de la tierra, incluso siendo un esclavo.

Cuando Faraón enfrentó un problema sin solución, el mayordomo del rey que había estado en la cárcel con José se acordó de que el joven judío tenía el don de interpretar sueños y sabiduría para hablar con personas estratégicas.

Así fue como Dios cambió la suerte del que antes fue un muchacho despreciado que se convirtió en esclavo: José resolvió el enigma y fue nombrado gobernador de todo Egipto.

Cuando toda la tierra entró en un periodo de hambruna y todas las naciones fueron a ver al nuevo gobernador de Egipto para rogarle comida, hablaron con José. Gracias a su sabiduría y su gestión, solo Egipto tenía alimento.